Anne-Sophie Joly
Richard Zarzavatdjian

JE N'AI PAS CHOISI D'ÊTRE GROS·SE

SOLAR

Déjà publié par Richard Zarzavatdjian

L'Arménie et les Arméniens de A à Z,
coécrit avec Corinne Zarzavatdjian,
préfacé par Boris Cyrulnik, Gründ, 2020

Cuisine d'Arménie,
coécrit avec Corinne Zarzavatdjian,
préfacé par André Manoukian, Solar, 2017

SOMMAIRE

AVANT-PROPOS

« Mon engagement » par Anne-Sophie Joly

J'ai 53 ans, un âge où l'on commence à se retourner sur son passé, observer ses succès et ses échecs, mesurer ses forces et ses fragilités. Mon obésité m'a fait toucher le fond, le désespoir, la solitude, la souffrance physique et mentale, le rejet des autres... On ne peut alors que remonter à la surface, ou mourir, il m'a fallu faire un choix. Après de très nombreuses années de déshérence et de souffrance, j'ai fini par choisir de vivre, et de me battre. J'ai décidé de m'engager et de défendre mes semblables (pour ceux qui le souhaitent) il y a plus de vingt-cinq ans, afin de lutter de toutes mes forces contre les nombreuses discriminations et injustices auxquelles nous sommes confrontés dans notre quotidien et qui nous font tant souffrir. Ce combat a donné un sens à ma vie et m'a rendue plus résiliente (ce qui ne nous tue pas doit nous rendre plus forts !) et aujourd'hui, je veux le partager avec vous.

Des kilos de souffrance

Au plus loin que je me souvienne, j'ai le sentiment d'avoir été une enfant hypersensible, créatrice, contemplative et volontaire mais aussi négligée, dénigrée, isolée, mal aimée ou pas aimée du tout durant les années passées loin de ma mère. Cette carence affective explique bien des choses, dont mon obésité qui, si j'en crois mes années de thérapie, s'est érigée comme une carapace contre ceux qui me veulent du mal. Car on m'a fait du mal, très tôt. Dès ma naissance à Saint-Quentin dans les Hauts-de-France, j'assiste avec effroi aux conflits parentaux, aux portes qui claquent, aux cris de mon père et de ma mère qui ne le supporte plus. Je vais en faire les frais, je vais être l'objet de torture et de manipulation. À 4 ans seulement, mon père choisit de m'enlever de l'école maternelle sans en dire un mot à ma mère, en pleine année scolaire, et de me cacher chez ma grand-mère. Aujourd'hui, cela serait considéré comme un enlèvement, mais à l'époque, il y a près de cinquante ans, on réglait ça en famille, loin des regards et des jugements. Bien sûr, ma mère est venue pour tenter de me récupérer. Je me souviens de ce moment hors du temps, glaçant et pétrifiant d'horreur pour moi, petite fille. Des minutes interminables, mon cœur qui cognait dans ma poitrine, ma gorge serrée qui m'empêchait de respirer, mes jambes qui se dérobaient sous l'émotion, mes yeux qui laissaient échapper mes larmes acides. Maman était derrière la porte, hurlant et pleurant de désespoir, mais je ne pouvais rien faire, rien dire. Ma grand-mère, victime de la manipulation de son fils, mon père, tentait de me rassurer en falsifiant la réalité : « Chut ! Anne-Sophie, ne dis rien et ne t'inquiète pas, c'est un jeu... » Un jeu... Mais quel jeu ? Qui a ainsi envie de faire mal à une enfant de 4 ans ? Qui a envie de la priver de la personne la plus importante de sa vie, son pilier central, son oxygène, qui ? mon propre père ? Ne m'aime-t-il pas ? Qui suis-je pour lui ? Rien ! Je ne suis rien d'autre qu'un objet de vengeance et de torture... pauvre de nous, ma pauvre maman.

Pendant deux ans, j'ai vécu avec cette grand-mère dont je suis la petite-fille préférée, disait-elle. « Tu es trop gentille. Tu te feras manger toute crue et des gens te feront du mal » : ma mémé Claudine avait raison et ses prémonitions me reviendront en boomerang des années plus tard. Ce sont deux années heureuses et saines – mais cela, je ne le saurai qu'au cours des années qui suivront – mais également douloureuses, loin de ma mère, sans

la voir, la sentir, sans l'enlacer, sans ses câlins, ses caresses, sans sa voix, son amour, ses baisers. Deux ans de silence, de vide, de froid. Insupportable, invivable, et je pense à l'irréparable sans aucune peur, juste un moyen d'être enfin en paix et sans souffrance : j'ai parfois envie de mourir. Il m'arrive de partir seule pendant des heures, regarder la mer se jeter sous les digues de Calais, les goélands et les mouettes jouer sur la plage. J'aimerais tellement être aussi libre qu'eux. Je passe de longs moments à tenter de comprendre ce que j'ai bien pu faire ou dire pour mériter de tels supplices. Puis mon père, toujours en conflit avec ma mère, décide de me récupérer un beau jour sans prévenir, sans se demander ce que cela pourrait me faire à moi, et à ceux qui se sont occupés de moi pendant ces années, et alors même que je commence à peine à prendre mon rythme et trouver un semblant d'équilibre. J'ai 6 ans et c'est reparti pour des années de plus grandes souffrances. Je vous raconte ces moments clés de mon enfance car ils sont les déterminants de ma vie d'adulte, les bases de mon obésité, de ma résilience et de ma détermination à lutter pour essayer, modestement, d'aider les autres, mes semblables. Je ne peux m'empêcher de penser aux personnes atteintes d'obésité qui souffrent de discrimination, qui ont vécu des moments encore plus douloureux que moi et cela m'a toujours donné de la force.
De 6 à 13 ans, je vis donc chez mon père, qui entre-temps s'est remarié et a eu deux autres enfants. Ce sont des années de douleur, de souffrance, de privations et de brimades, de punitions, d'humiliations, de harcèlement, et où je ne mangeais pas à ma faim. Je me souviens des mots prononcés comme des coups de poignard : « Tu n'es rien… Tu finiras caissière de supermarché… Tu te marieras avec un naze comme toi qui te fera plein de gosses pour les allocations familiales et tu seras la boniche. » Comment peut-on parler ainsi à un enfant ? Non seulement il n'était pas protecteur comme doit être un papa mais il a généré en moi un manque, des traumas affectifs évidents que j'ai comblés plus

tard par la nourriture. Sans compter le cadeau généreux qu'il m'a offert malgré lui : son patrimoine génétique, puisqu'il était également en situation d'obésité. D'un bout à l'autre de ma vie, il a été derrière mon dos à m'envoyer des flèches. Merci Papa ! Quand, par décision de justice, ma mère me récupère, j'ai 13 ans. Mais le mal est là, bien installé et je commence à grossir et à manger sans mesure (je ne découvrirai que plus tard que j'ai souffert d'un trouble du comportement alimentaire), à remplir mon corps pour mieux me protéger. Une obésité qui ne me lâchera plus et qui, je le crois, m'accompagnera jusqu'à la fin de mes jours.

La prise de conscience

Vers l'âge de 25 ans, je mesure que mon obésité peut avoir des conséquences à long terme sur ma santé. Mais à l'époque, les choses étaient bien différentes. Si aujourd'hui on se plaint du comportement parfois violent, du regard intrusif ou dédaigneux de certains soignants contre les personnes en situation d'obésité, il y a près de trente ans, c'était le Moyen Âge en matière de prise en charge de la maladie ! Pire, nous subissions une longue liste de reproches culpabilisants : « Arrêtez de bouffer et allez courir, vous allez maigrir ! » « Tout cela est de votre faute, vous n'avez aucune volonté ! »
On ne savait alors rien ou pas grand-chose sur l'obésité et sur le quotidien des malades. Lorsque je consultais un praticien, j'avais droit à des critiques et à une culpabilisation en règle, bourrée de préjugés liés à mon poids, ma sédentarité (ou pas), mon absence de volonté (ou pas), mon look (comment s'habiller quand on est jeune et obèse avec pour seule possibilité la fréquentation des rayons pour hommes ou pour personnes âgées ?). Bref, tous les poncifs ridicules et blessants contre la maladie et contre ma personne.

Au travail, c'était du même tonneau. Je travaillais dans la presse professionnelle à destination des médecins. Mon patron de l'époque appréciait mes qualités professionnelles mais pas mes formes ni mes kilos. Il refusait ma présence dans les salons professionnels médicaux ou les réunions avec les médecins car il pensait, sûrement, que ma corpulence donnait une mauvaise image du groupe qu'il dirigeait. « Tu ne peux pas être en représentation dans les salons professionnels avec nos partenaires, nos médecins, nos clients, Anne-Sophie », me disait-il avec son petit sourire pincé. Une injustice insupportable que je bravais avec plaisir et sans remords.

Je me suis alors tournée vers l'hôpital pour rencontrer des professionnels plus spécialisés sur l'obésité que les médecins de ville, qui me traitaient à mots couverts de menteuse et d'alcoolique (je souffrais d'une atteinte du foie non alcoolique, appelée la Nash (pour *non-alcoholic steatohepatitis*) mais que les médecins ne savaient alors pas diagnostiquer). Pour la première fois, je monte sur une balance qui affiche mon poids : plus de 100 kg. J'apprends que je suis obèse et même « obèse morbide », selon la formule que me lance un médecin nutritionniste dénué de tact et de mesure, qui exprime son dégoût, sans même me regarder dans les yeux. J'ai le sentiment d'être à la barre d'un tribunal et d'entendre ma condamnation. Obèse morbide... j'en tremble. Obèse presque morte ? Morte vivante, morte en sursis ? Vous êtes coupable, madame, c'est de votre faute, c'est votre choix ! C'est l'électrochoc : les humiliations continuent, quand cela va-t-il s'arrêter ?

Je reçois malheureusement ces réflexions de ceux qui sont censés nous aider et nous soigner comme de véritables coups de poignards qui tuent à petit feu, écorchent encore et encore. Des mots douloureux, distillés au fil de petites phrases assassines, de regards remplis de dégoût, de comportements dédaigneux, d'examens mal réalisés, à la va-vite ou pas du tout. Je suis comparée et traitée comme un animal de foire de la fin du XIXe siècle et je ne peux alors m'empêcher de penser à tous les autres, mes semblables, mes frères et sœurs de galères et de combats. Je suis habitée d'une rage, d'un besoin de respect, d'une envie d'égalité des chances, d'humanité, de bienveillance... et d'une force intérieure contre cette situation vis-à-vis des personnes qui, tout comme moi, souffrent et sont en situation d'obésité. C'est ce sentiment d'injustice qui va déclencher mon engagement pour essayer d'aider les autres comme je le peux.

L'engagement et la résilience

En avril 2000, je choisis de me faire opérer en optant pour la chirurgie bariatrique dans une clinique lyonnaise, une région leader à l'époque pour ce type d'interventions. C'est la seule solution contre mes kilos qui s'accumulent et me détruisent lentement mais sûrement. Après l'intervention, mon médecin endocrinologue parisien me conseille de me rapprocher d'autres malades et d'une association. Je créerai par la suite le Collectif national des associations d'obèses, le CNAO, que je présiderai. Très vite, je choisis la communication pour faire connaître la situation des personnes souffrant d'obésité, victimes de son cortège d'humiliations et de discriminations dans le silence assourdissant de l'ensemble de la société française de ces années. J'ai choisi le chemin le plus dur, le plus long, le plus exigeant à mes yeux : essayer de faire bouger les lignes et les regards durablement. Faire, être force de proposition, co-construire, avec mes tripes, ma pugnacité, ma personnalité, mon authenticité, mon exigence, ma sensibilité, mon envie d'égalité, moi qui cumule tous les freins. Mon engagement se traduit dans les actes et dans l'action, comme l'a reconnu récemment le président Nicolas Sarkozy, qui a beaucoup œuvré contre notre maladie avec un plan Obésité.
Ma stratégie repose sur un échange d'informations constructives et collaboratives avec tous les acteurs, comme la Sécurité sociale,

qui mesure, avec intérêt, notre présence et notre volonté à faire bouger les lignes, d'autant qu'à l'époque la Haute Autorité de Santé n'existe pas, et que les recommandations dans la prise en charge de l'obésité sont inexistantes. Il y a tout à faire, tout à créer.

Grâce au travail des associations de patients, comme le Collectif national des associations d'obèses (CNAO), la Ligue contre l'obésité, Gras politique, le GROS (Groupe de réflexion sur l'obésité et le surpoids) et les autres, mais aussi les soignants, les élus, des ministres et des présidents de la République, sans oublier les journalistes qui nous ont accompagnés et soutenus depuis la première heure, l'obésité n'est enfin plus le parent pauvre de la santé. On en parle de plus en plus. Les personnes qui en souffrent ne se cachent plus et revendiquent haut et fort leurs droits.

De vraies avancées... mais encore insuffisantes. Aujourd'hui, il est indispensable qu'enfin l'obésité soit reconnue en France comme une maladie, au même titre que le diabète ou la maladie rénale et dix-huit maladies associées citées par l'OMS qui sont aussi des affections chroniques (dix-neuf maintenant avec le Covid-19). Le Portugal, l'Italie, l'Allemagne, pour ne citer qu'eux, l'ont fait, pourquoi pas nous ?

Pour une reconnaissance de l'obésité comme maladie : le combat continue

La presse nous soutient et continue aujourd'hui encore à défendre notre cause et notre volonté de faire reconnaître la justesse de nos revendications. Fin 2002, j'organise avec mon bureau, d'autres associations et une société savante, une conférence de presse lors de laquelle je demande à l'État français de prendre en considération l'urgence de nos problèmes ainsi que ses responsabilités vis-à-vis de nous, patients, souffrant d'obésité. Une annonce relayée par l'ensemble des médias trois jours durant et qui constitue, à mon sens, un des points d'orgue du combat de notre association, laquelle est désormais considérée comme un acteur avec lequel il faut compter. « Maintenant que vous avez créé le bordel, vous allez gérer le merdier », me lancera un haut responsable de l'État. Au fond de moi, je suis satisfaite de ce « merdier », pour reprendre sa formule, car enfin nous allons pouvoir avancer. Une satisfaction en demi-teinte puisque je ne peux m'empêcher de penser à toutes celles et tous ceux qui souffrent en silence de cette maladie. Je me bats pour ceux et celles qui le souhaitent, car je sais que l'obésité isole et marginalise les malades. Je serai leur défenseuse et leur porte-parole tant qu'ils voudront de moi et quoi qu'il en coûte.

Je le fais car j'ai tellement appris et grandi grâce à toutes ces rencontres, ces expériences de terrain, et la réalité de la vie des malades. Avec le recul je suis persuadée que ce combat m'a rendue plus résiliente : mes difficultés ne m'ont jamais empêchée de continuer d'espérer et, surtout, de garder la tête haute, certes remplie de larmes, mais aussi d'amour et de bienveillance pour les autres et sans jamais, jamais de haine. L'association et mon combat ont été un des grands rendez-vous de ma vie. Je ne m'y attendais pas, ou pas comme ça. Je n'avais pas d'autre objectif que d'aider et soulager les autres. Avec le temps, je me suis aperçue que je m'aidais moi aussi à aller mieux. Je pansais petit à petit mes blessures profondes.

En écrivant ces lignes, je ne peux m'empêcher de penser aux grands combats menés par mes semblables et notamment par celle que j'admire plus que quiconque, Simone Veil. Elle est allée au bout de ses rêves et de ses combats en réussissant, malgré les résistances d'une partie de la société, à faire adopter la loi sur l'IVG. J'ai choisi, certes à mon niveau, d'aller également au bout de mes rêves et de mes convictions pour qu'enfin mon pays se hisse au niveau des nations qui refusent et combattent

la discrimination de toutes les différences et tous les handicaps, et notamment de celui qui nous réunit ici, l'obésité.
Si aujourd'hui je continue ce combat malgré les difficultés, les embûches qui m'obligent à marcher avec une canne car mes genoux sont douloureux ou à être moins présente que je le souhaiterais auprès de ma famille, je ferai tout pour qu'enfin la France reconnaisse le statut de maladie à l'obésité ; qu'elle puisse mettre en place des directives pour une meilleure alimentation, plus saine et transparente sur ses compositions ; qu'elle œuvre à une meilleure prise en charge des personnes souffrant de problèmes de poids en leur évitant ainsi des années de déshérence ; que nous puissions accorder à la prévention, primordiale, toute l'importance qu'elle nécessite... et partager avec générosité et humilité nos années de combat et de construction avec les pays qui le souhaitent. C'est une décision que les malades que nous sommes attendent : l'histoire est en marche quoi qu'il arrive, que nous le voulions ou non, et les faits resteront dans les livres et dans l'histoire, car elle changera notre existence et l'avenir de nos enfants, j'en suis convaincue.
Il faut que cela soit clair : on ne se réveille jamais un matin en se disant : « Aujourd'hui, je vais rajouter 50 à 70 kg à mon corps, et non seulement j'ai de très fortes chances d'exposer ma santé à de gros risques, d'être exclue de la société et humiliée quasi quotidiennement par les petites phrases et regards assassins, mais je le veux. Je vais être discriminée dans mon travail, dans ma prise en charge médicale, dans ma vie affective et amoureuse, je vais m'exclure pour essayer de me protéger des agressions multiples ou variées, je vais perdre, plus que de raison, ma confiance en moi, je vais supporter parfois l'insupportable pour intégrer un groupe d'amis ou de collègues... » Non. L'obésité n'est pas un choix, un mode de vie qu'on décide d'essayer : je n'ai pas décidé d'être grosse ! Elle est un parcours, un chemin qui vient souvent de très loin, d'une complexité difficile à appréhender pour notre entourage et nos proches sans l'avoir vécue dans sa chair. Ce qui

explique que, quand mon ami Richard (que je connais depuis vingt-cinq ans !) m'a proposé d'écrire cet ouvrage, j'ai (après avoir longtemps hésité) décidé d'accepter. C'est en effet mon, notre objectif : expliquer, expliquer sans relâche. Expliquer est en effet le meilleur moyen de faire comprendre cette maladie multifactorielle qu'est l'obésité. Et l'information reste un préalable essentiel à la lutte contre les stigmatisations. C'est aussi pour cette raison que, au fil des pages de ce livre, vous découvrirez non seulement des informations médicales, des éclairages et avis d'éminents experts, mais aussi une foule de témoignages. Personnalités célèbres et anonymes, tous racontent leur histoire personnelle de poids, souvent complexe, mais aussi les violences subies, les commentaires désagréables et offensants, les difficultés à « faire leur place » dans une société qui, trop souvent, n'aime pas les gros, les moque et les isole. Ils se livrent sur les peines, l'humiliation et la révolte que toutes ces discriminations ont provoquées tout au long de leur vie. C'est bouleversant... et scandaleux !

Anne-Sophie Joly

MAIS AUSSI...

Toutes ces propositions sur lesquelles nous avons travaillé et dont nous demandons aujourd'hui la mise en œuvre sont une piste, le début du chemin...

Car il est avant tout essentiel de changer les regards et les considérations sur nos vies, qu'il s'agisse des problématiques du poids ou de toutes les autres discriminations. Si nous voulons faire avancer les choses, il nous faudra travailler à plusieurs niveaux simultanément, longtemps et évaluer régulièrement les progrès et difficultés, pour obtenir des résultats et aller là où il le faut.

Au-delà d'œuvrer pour l'égalité de tous, il ne faut pas perdre de vue les raisons pour lesquelles nous prenons du poids, les causes multiples de l'obésité, et travailler sur celles-ci, ainsi que les conséquences sur notre santé et notre vie à court, moyen et long terme.

Demander de nous « accepter comme nous sommes » ne veut pas dire que nous ne voulons pas prendre soin de nous, de notre santé, mais juste faire en sorte de nous alléger du lourd fardeau de la culpabilité et de celui des multiples maltraitances pour nous concentrer sur l'essentiel : NOUS.

Sans jamais oublier de préserver ceux qui ne sont pas encore touchés par le surpoids ou l'obésité. Il est de notre devoir de protéger nos enfants. Il est impensable pour moi de ne rien faire.

PARTIE 1

ELLE COURT, ELLE COURT, LA MALADIE D'OBÉSITÉ

C'est sans doute aussi parce que « les gens » connaissent mal l'obésité, ses nombreux déclencheurs et éléments favorisants, ses conséquences et ses complications, que le regard qu'ils posent sur ceux qui en sont affectés est si dur, et leurs jugements si violents. Nous avons donc estimé indispensable de vous expliquer, en première partie, tout ce qu'elle révèle, ainsi que la situation actuelle en France et dans le monde. L'information est essentielle, en aidant à mieux comprendre, et ainsi à moins stigmatiser.

En France, un état des lieux très préoccupant

Elle court, elle court, on peut même dire désormais qu'elle galope, la maladie d'obésité. Tous les trois ans, l'étude épidémiologique nationale Obépi-Roche[1](1) livre les chiffres du surpoids et de l'obésité en France. Ce travail au long cours, lancé pour la première fois en 1997, est un outil précieux, qui offre un instantané régulier du poids des Françaises et Français de tout âge. Mais ce bilan d'étape se révèle de plus en plus inquiétant, et montre à quel point l'obésité flambe, malgré les tentatives pour inverser la tendance.

Aujourd'hui, selon les derniers chiffres de cette étude, en 2020 en France, 17 % des adultes sont en situation d'obésité : c'est plus de 8,5 millions de personnes... donc plus d'un adulte sur six. Et deux fois plus qu'en 1997. Deux fois plus ! Vous avez bien lu.

---

1. Les numéros indiqués entre parenthèses renvoient aux sources des informations, qui sont listées en fin d'ouvrage. (N.D.E.)

La situation est d'autant plus inédite et paradoxale que, depuis 1997, la prévalence des personnes considérées comme en surpoids se stabilise, voire diminue (très légèrement), autour de 30 % environ de la population. Seule celle de l'obésité s'envole, et notamment de l'obésité dite « morbide » ou « massive » (IMC supérieur ou égal à 40), qui expose à des complications graves de santé : elle concerne aujourd'hui 2 % de la population, soit plus d'un million de personnes. Là encore, c'est deux fois plus... qu'en 2012, il y a donc seulement une dizaine d'années.

Le phénomène ne se limite pas à la France : il est en réalité planétaire. Selon l'OMS, le nombre de personnes obèses a en effet triplé dans le monde depuis 1975. L'obésité, que l'institution évoque dès 1997 comme la « première épidémie non infectieuse de l'histoire de l'humanité », concerne désormais 650 millions d'adultes dans le monde, sans s'arrêter aux États-Unis (35 % d'obèses) et autres pays riches : les pays en développement ne sont pas épargnés et voient eux aussi les chiffres flamber, comme l'a montré en juillet 2023 une étude du Fonds international de développement agricole (FIDA), qui a passé au crible cinq pays, l'Égypte, l'Indonésie, la Bolivie, la Zambie et le Nigeria(2).

Le plus inquiétant ? Chez nous comme ailleurs, si l'obésité concerne une proportion d'adultes toujours plus importante, et que les seniors sont plus touchés que la moyenne (19,9 % des plus de 6 ans), elle n'épargne hélas pas les plus jeunes, au contraire. Le pourcentage de jeunes adultes français de 18 à 24 ans en situation d'obésité est ainsi passé de 2,1 % en 1997 à 9,2 % en 2020, soit un peu plus de quatre fois plus ! Quant aux enfants les plus petits, ils sont 17 % à souffrir d'obésité entre 2 et 4 ans, 19 % entre 5 et 7 ans, et 6 % entre 8 et 17 ans (essentiellement des garçons), de façon plus importante si les parents sont eux-mêmes en situation de surpoids ou d'obésité, ainsi que dans les catégories populaires, et chez les chômeurs. Et cela pose question puisque l'apparition de l'obésité chez les moins de 5 ans est un phénomène récent, qui n'existait pas il y a encore vingt ou trente ans(3).

Quelques visuels pour juger de la situation dans notre pays.

Une épidémie que rien se semble arrêter

Si le « sujet obésité » ne date pas d'hier, on ne peut que s'alarmer de constater qu'à chaque étude publiée, les chiffres vont croissant, et que la proportion de personnes en situation d'obésité augmente, en France comme ailleurs.

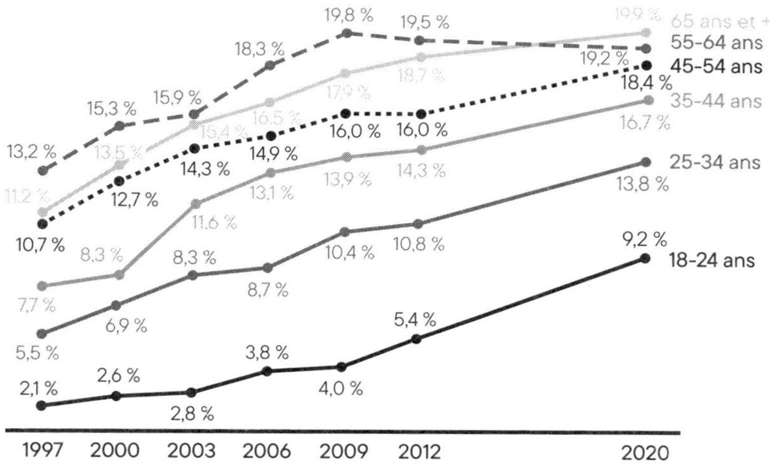

Évolution des prévalences de l'obésité selon l'âge entre les enquêtes Obépi-Roche 1997-212 et l'enquête Obépi 2020.

Des différences selon les sexes

Si les hommes sont bien plus souvent en surpoids que les femmes (36,9 % vs 23,9 %), c'est l'inverse pour l'obésité, qui concerne 16,7 % des hommes et 17,4 % des femmes.

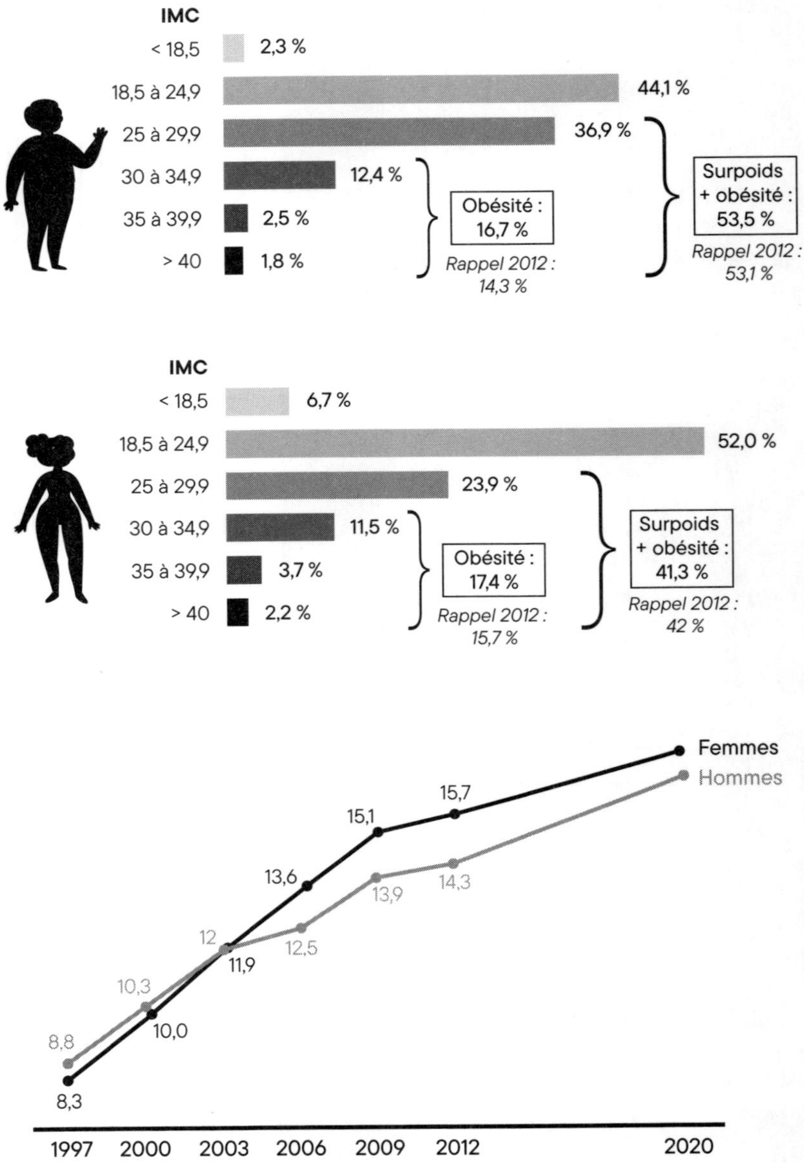

Prévalence de l'obésité selon le sexe

Des disparités régionales

On observe (et ce n'est pas récent) qu'il existe un fort gradient nord/sud en matière de surpoids en général, et d'obésité en particulier. C'est dans le nord du pays qu'on compte en effet le plus fort pourcentage de personnes obèses (22,1 % dans les Hauts-de-France, 20,2 % dans le Grand-Est, 19,8 % en Normandie), et dans le sud qu'on en trouve le moins (15,5 % en Occitanie, 15,9 % en région PACA, 16,6 % en Nouvelle-Aquitaine). Telle une enclave, la région Île-de-France compte « seulement » 14,2 % de personnes obèses, presque 3 points de moins que la moyenne nationale… et presque 8 points de moins que les Hauts-de-France.

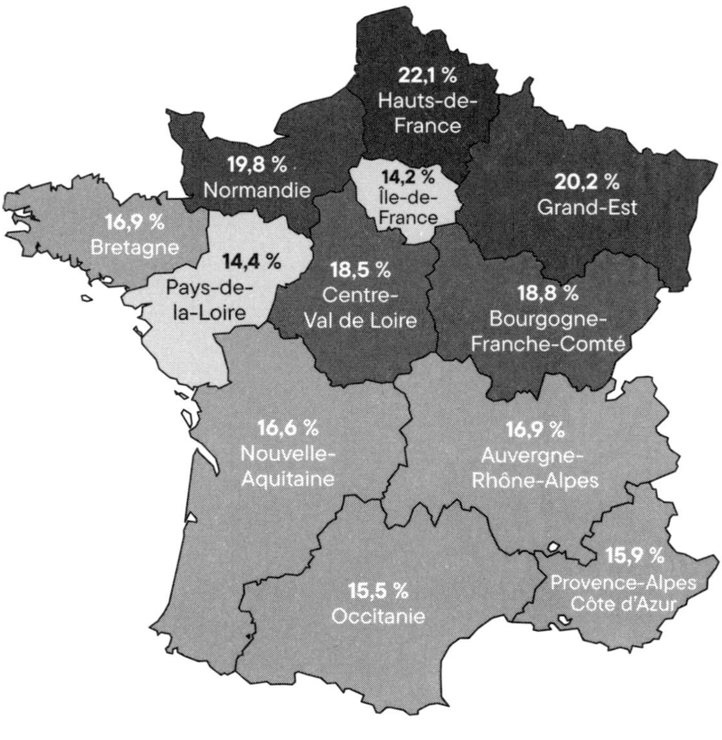

Pourcentage d'obésité (résultats nationaux : 17,0 %)

Un phénomène inégalitaire

Parmi les ouvriers, 18 % des personnes sont en situation d'obésité, et parmi les employés 17,8 %... contre 14,4 % chez les professions intermédiaires et 9,9 % chez les cadres : plus les conditions de vie sont difficiles, plus le risque augmente... et c'est également chez ces personnes « CSP- » que les chiffres ont le plus flambé depuis 1997.

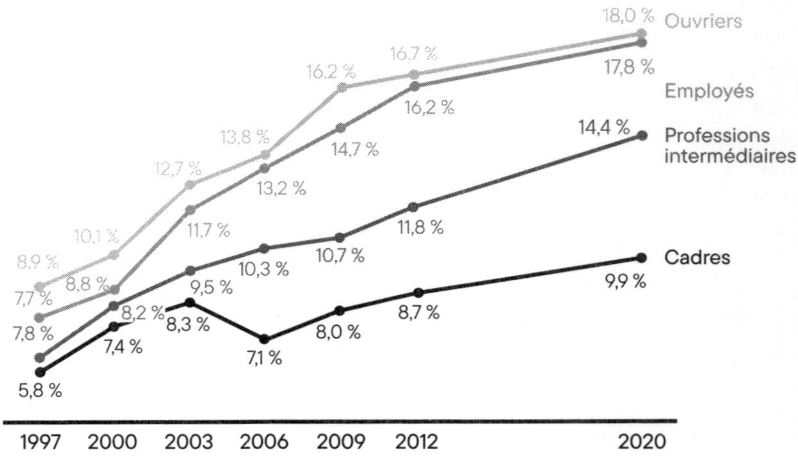

Prévalence de l'obésité
selon la catégorie socio-professionnelle

Nous en sommes donc là : c'est l'alerte rouge ! Aujourd'hui en France, une personne sur six est considérée comme étant en situation d'obésité. Parce qu'elle s'étend et n'épargne désormais aucun pays, âge, sexe ou catégorie sociale (même si certaines disparités sont notables), l'obésité ne peut donc plus être, comme ce fut trop longtemps le cas, invisibilisée et ignorée. En France, on peut noter que, depuis 1997 et malgré les nombreux Programmes nationaux nutrition santé (PNNS, dont le premier a été lancé en janvier 2001), rien ne semble enrayer l'épidémie... Est-ce qu'on s'y prend mal ? Est-ce qu'on n'agit pas suffisamment ? En tout cas, les chiffres prouvent qu'il est forcément possible de faire mieux ! Car aujourd'hui, il suffit d'observer autour de soi pour voir la réalité en face : la population en situation d'obésité augmente dans des proportions plus qu'alarmantes, mais elle est souvent laissée pour compte, voire dénigrée et stigmatisée. Il est grand temps de prévenir, d'accompagner, de soigner et d'intégrer les personnes qui en sont atteintes, au lieu de les ignorer, de les isoler et de mal les considérer, voire hélas de s'en moquer ou de les culpabiliser. Il y a urgence à agir bien... et vite !

Il n'existe pas un seul coupable !

Appréhendée par un indice de masse corporelle (IMC, sorte de rapport poids/taille, explicité plus bas) supérieur ou égal à 30, l'obésité, selon la définition de l'OMS, se caractérise par « une accumulation anormale ou excessive de graisse corporelle, doublée d'une modification du tissu adipeux, entraînant une détérioration de la santé et pouvant réduire l'espérance de vie ». Car, nous le verrons plus loin, ces kilos qui s'accumulent ne sont hélas absolument pas anodins et constituent un véritable problème de santé publique.

On peut légitimement s'interroger : pourquoi certaines personnes deviennent-elles obèses ? Ce serait tellement simple et pratique de répondre « parce qu'on mange trop et mal, point final » ! Et c'est, hélas ce que bon nombre de gens pensent, parfois tout bas... et aussi tout haut. Une réponse simpliste, qui ouvre la porte à toutes les discriminations dont les personnes en situation d'obésité sont victimes, car alors, tout serait simplement « de leur faute » : ils se gavent, donc ils sont punis ! Ça n'est finalement que justice !

Mais la réalité est bien plus complexe, et on ne peut clairement pas parler de justice quand les dés sont pipés. L'obésité est en effet une maladie multifactorielle : elle présente plusieurs origines ou causes, et l'évolution de nos modes de vie est au cœur du problème puisqu'elle peut être à l'origine d'une combinaison de facteurs favorisants. On peut même dire qu'il n'existe pas une mais des obésités, et des personnes en situation d'obésité présentant, chacune, sa propre histoire personnelle et ses particularités, mais aussi ses facteurs de risques et ses déclencheurs de prise de poids progressive. Pour vous permettre de faire la part des choses, nous allons prendre le temps de vous les détailler…

Une alimentation inadaptée

Quand l'alimentation est de plus en plus industrielle

Difficile aujourd'hui de faire un pas dans la rue sans être sollicité par la nourriture : elle est partout ! On peut désormais manger à toute heure et même sans même avoir besoin de cuisiner, que ce soit dehors ou chez soi. Taille des portions en augmentation, aliments « prêts à consommer » industriels et ultratransformés, mais aussi ultrariches en énergie, en graisses, sucres et sel (et souvent en additifs alimentaires), produits très disponibles, peu chers et de mauvaise qualité nutritionnelle, marketing omniprésent et volontairement trompeur… Alors que les anciennes générations cuisinaient elles-mêmes des produits de saison, souvent locaux, aujourd'hui on achète du « prêt-à-manger », sans forcément s'interroger sur ce que contiennent les produits qu'on consomme et en accordant à l'industrie agroalimentaire une confiance aveugle qu'elle ne mérite absolument pas. Ces changements relativement récents dans l'alimentation favorisent la consommation tout au long de la journée, alors que pendant longtemps, la France était réputée pour son modèle alimentaire de repas partagés en famille, à heures fixes, un modèle qui lui a longtemps permis de reculer l'épidémie. Mais les traditions

« de bouche » se perdent. Parallèlement, l'industrie agroalimentaire s'est engouffrée dans la brèche, et incroyablement développée. Et, sous l'argument officiel de chercher à « nourrir tout le monde », elle n'a eu de cesse que de vendre... et faire des bénéfices, quitte à favoriser la prise de poids et l'effet néfaste de certains produits sur la santé avec des ingrédients de qualité douteuse (c'est un euphémisme) et une ultratransformation dont il est désormais démontré qu'elle nuit non seulement au poids, mais aussi à la santé tant physique que mentale.

Quand l'alimentation devient un refuge

Chez certaines personnes, et particulièrement chez les patients en situation d'obésité, l'alimentation ne sert pas qu'à nourrir l'organisme pour lui fournir de l'énergie et à satisfaire ses papilles : elle devient aussi un réconfort, un « doudou » consolateur face aux difficultés et aux multiples agressions de la vie quotidienne. Stress, traumatismes, maltraitance et violences (qui peuvent remonter à l'enfance), humiliations, émotions, carences affectives, mal-être général, honte, sentiment d'impuissance, désamour de soi, ou même simplement ennui et sensation de vide : autant de douleurs qui peuvent pousser à manger toujours plus, à se remplir pour obtenir un apaisement immédiat. D'ailleurs, ne parle-t-on pas (en anglais) de *comfort food* ? Les produits sucrés, et surtout ceux à la fois gras et sucrés, sont particulièrement consolateurs quand on éprouve ainsi une faim dite « émotionnelle ». Malheureusement, leur effet est pervers, point de départ de la dépendance, et pouvant mener à une véritable addiction, en plus de la prise de poids. Un cercle vicieux qui peut aussi engendrer chez la personne concernée un mal-être, de la honte et de la culpabilité... qui la pousseront à se remplir de nouveau pour apaiser temporairement ces sentiments négatifs.

AVIS DE L'EXPERT

L'aliment réconfort entraîne une « obésité-défense »

Bernard Waysfeld, psychiatre, nutritionniste, membre fondateur du Groupe de réflexion sur l'obésité et le surpoids (GROS) et auteur du livre Le poids et le moi *(2020, Armand Colin), reçoit dans sa consultation des patientes et patients avec des troubles psychologiques.*

« Parmi mes patientes, je rencontre parfois cette situation de recherche de protection et l'existence d'une "obésité-défense". Certains ou certaines décrivent un besoin de manger, alors qu'elles n'ont pas faim, comme pour gagner un réconfort et remplacer le manque affectif et le doudou qu'elles n'ont plus par le plein alimentaire. Ceux ou celles qui présentent des difficultés psychologiques peuvent trouver dans la nourriture ce qu'elles chercheraient dans une relation humaine authentique, dans la vie de tous les jours. Ce processus se rapproche d'autres addictions comme l'alcool, le tabac, le jeu et même le sexe. »

Des kilos comme rempart au chagrin

Mélanie, 36 ans, infirmière à Tarbes, dans le Sud-Ouest, mariée et mère de trois enfants

« Mon papa, le super-héros de mon cœur, est mort quand j'avais 19 ans. J'ai eu beaucoup de mal, comme ma sœur (qui a elle aussi pris du poids), à gérer mes émotions. J'ai trouvé dans la nourriture un réconfort, et je mangeais toute la journée pour combler ce vide et calmer la tristesse dès que je pensais à mon père. J'avais déjà des problèmes de poids, puisque j'étais entrée dans un combat contre les kilos dès mon arrivée au lycée, Mais là, la prise de poids s'est installée, durablement. J'avais ce besoin de me construire une carapace pour que plus rien ne m'atteigne. » Un mal-être sur lequel elle va travailler pendant un an en thérapie pour apprendre à gérer ses émotions. Mais entre-temps, les kilos étaient bien installés. « J'ai fait tous les régimes de la terre, ainsi que des cures pour personnes obèses. Mais il y a huit ans, avec un indice de masse corporel (IMC) proche de 47, celui d'une obésité morbide, il a fallu me résoudre à l'opération chirurgicale, avec le by-pass, traitement de la dernière chance. J'ai perdu 56 kg en dix-huit mois et je suis désormais stabilisée à 83 kg, en espérant descendre en dessous des 80 kg. » Mélanie, aujourd'hui, parvient à mieux contrôler ses réactions face au stress et elle a d'ailleurs choisi d'exercer le métier d'infirmière, pour aider les autres. Elle raconte son parcours, ses souffrances mais aussi ses réussites et sa résilience dans son livre : *Ma vie avec un by-pass,* publié à compte d'auteur.

Quand les troubles alimentaires s'invitent à table

Différents de l'alimentation consolatrice, la boulimie nerveuse et l'hyperphagie boulimiques sont deux TCA (c'est-à-dire des troubles du comportement alimentaire) qui peuvent favoriser l'obésité. Tous les deux consistent en une prise alimentaire massive et frénétique, en un laps de temps limité : une véritable perte de contrôle (pour tenter de combler un vide affectif, ou d'apaiser des émotions ou des traumatismes), qui peut entraîner de la culpabilité mais va pourtant perdurer malgré les conséquences néfastes (exactement comme une addiction). Toutefois, la personne atteinte de boulimie nerveuse (contrairement à l'hyperphagique) va mettre en place des stratégies de contrôle du poids « compensatoires », comme du sport (parfois à outrance) pour éliminer mais aussi la prise de laxatifs, des vomissements provoqués, des lavements, des périodes de jeûnes… Elle ne sera donc pas en surpoids, tout en mettant sa santé en danger elle aussi.

Qu'elles mènent ou non à l'obésité, ces maladies sont sérieuses, affectent lourdement l'estime de soi, et nécessitent une prise en charge pluridisciplinaire, avec un indispensable versant psychologique pour pouvoir être surmontées.

Quand les faibles revenus rendent plus vulnérables

L'obésité serait-elle une maladie « de pauvres » ? La réponse est oui, fréquemment, et là encore, c'est une inégalité flagrante. C'est une des confirmations de la dernière étude Obépi[1], que nous avons déjà mentionnée, qui mériterait que les pouvoirs publics se penchent de plus près sur la question. En France, l'obésité est en effet près de deux fois plus fréquente au sein des catégories sociales les plus modestes (18 % chez les ouvriers et les employés) que chez celles plus aisées (9,9 % chez les cadres supérieurs). Et parmi les 2,4 millions de Français qui font appel aux banques alimentaires, ils sont 25 % à être en situation d'obésité. Manque d'argent menant à l'achat d'aliments roboratifs mais de qualité nutritionnelle moindre, mais aussi à moins de variété alimentaire, priorités de vie différentes : les facteurs se cumulent pour créer une vraie inégalité des chances, aujourd'hui plus que jamais.

AVIS DE L'EXPERT

Des contraintes budgétaires qui favorisent le surpoids

Nicole Darmon, directrice de recherche à l'Institut national sur l'alimentation, l'agriculture et l'environnement (Inrae) est la créatrice d'Opticourses, association d'entraide aux populations à très faibles revenus et souffrant d'obésité.

« De nombreuses études, souvent menées à l'étranger, mettent en évidence un faible niveau d'activité physique, une forte sédentarité et des déséquilibres alimentaires prononcés chez les personnes de faible statut socio-économique.

Et une diminution importante du niveau de revenus ou l'apparition d'une insécurité de l'emploi sont d'ailleurs associées à une augmentation de l'indice de masse corporel. Les contraintes budgétaires sont au centre des choix et décisions familiales en termes d'alimentation. La priorité, pour les familles à faible revenu, est de payer les factures courantes (logement, électricité), et de fait, la qualité de l'alimentation n'est pas prioritaire. Ainsi, le grignotage et le saut de repas sont fréquents, les repas plus souvent réduits à un plat unique. Les pommes de terre et les féculents raffinés sont consommés en plus grande quantité, au contraire des aliments recommandés pour la santé comme les fruits et légumes, le pain complet, les poissons et crustacés, nettement sous-consommés. Les plus modestes sont aussi plus réceptifs à l'avantage financier que représentent les portions de grande taille (le prix au kilo diminue quand la taille des portions augmente), dont on sait qu'elles sont impliquées dans l'épidémie d'obésité. L'augmentation exponentielle du nombre de produits disponibles au rayon des sucreries et des snacks, dont la variété est associée au développement de l'adiposité, fragilise particulièrement les personnes pauvres car elle leur est financièrement accessible, contrairement à l'éventail des fruits et légumes. Sans oublier que la disparition des petits commerces de proximité, au profit des grandes surfaces, affecte surtout les personnes les plus pauvres, moins nombreuses à disposer d'une voiture. Enfin, l'achat de produits industriels alimentaires bon marché en grande quantité pourrait représenter une sorte de “revanche sociale” financièrement accessible dans une société dans laquelle la reconnaissance sociale passe par l'acquisition de biens matériels. »

Nos modes de vie modernes

De moins en moins de dépenses physiques

Utilisation intensive des écrans (80 % des adultes passent 3 heures par jour assis devant un écran hors de leur activité professionnelle), voiture individuelle plutôt que marche à pied, transports en commun ou vélo, escalators pour remplacer les escaliers, manque de temps ou de motivation pour faire du sport dans une vie trop remplie : c'est un fait indéniable, nous bougeons de moins en moins ! En France, 47 % des femmes et 29 % des hommes sont considérés comme inactifs physiquement, selon l'Observatoire national de l'activité physique et de la sédentarité (ONAPS)[(4)]. Et en moyenne, un adulte passe 12 heures assis en semaine et 9 heures le week-end. Les deux tiers des 11-17 ans cumulent deux facteurs de risques sanitaires : plus de 2 heures de temps d'écran et moins de 60 minutes d'activité physique par jour ; près de la moitié présentant même un risque sanitaire très élevé (plus de 4 heures 30 de temps d'écran journalier et/ou moins de 20 minutes d'activité physique par jour).
Mais moins d'activité, c'est moins de « brûlage énergétique » par la « chaudière » corporelle, et moins de masse musculaire : les dépenses d'énergie diminuent (ce qu'on consomme qui n'est pas brûlé sera donc stocké sous forme de graisses, d'où une prise de poids), et les mauvaises habitudes s'installent, durablement.

Une horloge interne déréglée

Horaires de travail décalés, irrégularité des horaires de repas, prises alimentaires nocturnes peuvent chambouler l'horloge biologique de l'organisme… et faciliter ainsi la prise de poids et certains désordres métaboliques. Il est également prouvé que le tissu adipeux peut influer sur cette horloge biologique.
Le simple manque de sommeil favorise la prise de poids et l'obésité, en agissant sur certaines hormones comme l'insuline

(hormone de stockage) et le cortisol (impliqué dans le stress), mais aussi la leptine (hormone de la satiété fabriquée par les cellules adipeuses) et la ghréline (hormone de la faim produite par l'estomac)[5]. Quand on est fatigué parce qu'on ne dort pas suffisamment, on compense naturellement par l'alimentation (souvent plus énergétique).

Programmé pour être en surpoids ?

Une vraie part de génétique

Face à la prise de poids, l'inégalité est flagrante. Tout comme certains restent maigres alors qu'ils dévorent, d'autres à l'inverse... héritent de gènes qui favorisent l'obésité. Des chercheurs ont ainsi identifié plus de 500 gènes[6] qui contribuent à une vulnérabilité accrue, donc en quelque sorte qui font d'une personne une « nature » à grossir, ou à avoir du mal à maigrir. D'ailleurs, une personne dont la famille compte des membres obèses a deux à huit fois plus de risques de le devenir également[7].
Des travaux sur des vrais jumeaux[8] ont également établi que si les deux parents sont obèses, l'enfant a 80 % de risques de le devenir, contre 10 % seulement quand tous deux ont un poids normal. Certes, les gènes ne décident pas de tout, et il est rare que la variation d'un seul gène suffise à rendre obèse, mais quand plusieurs modifications même légères, sur différents gènes, sont présentes et que de surcroît l'alimentation est trop riche, trop importante ou inadaptée, et l'activité physique insuffisante, ce capital génétique pourrait faire pencher la balance du mauvais côté... et favoriser l'engrenage de la prise de poids. Certains gènes pourraient également prédisposer à l'obésité sévère, ou à certaines complications liées à la maladie. Un véritable « délit d'influence » sur le poids !
Dans le cas rare de certaines obésités précoces et sévères, dites « monogéniques » (parce qu'un seul gène est en cause, ce qui représente 5 % des obésités), qui sont désormais bien identifiées,

il a également été montré par une équipe française[9] que les altérations de ce gène pouvaient directement impacter le mécanisme de la faim ainsi que la glycémie (le taux de sucre sanguin). Quant aux facteurs dits « épigénétiques » (c'est-à-dire ceux qui concernent des changements dans l'activité des gènes sans que ceux-ci soient pour autant modifiés), on sait qu'ils sont influencés par l'environnement (dont notamment la pollution due aux pesticides, ou encore les perturbateurs endocriniens reconnus comme obésogènes, et capables d'interférer avec les hormones), et peuvent favoriser un déséquilibre de la balance énergétique. Petit à petit, on décrypte ainsi ce qui, dans le patrimoine hérité à la naissance, peut influer sur la prise de poids et l'obésité, et faire que certaines personnes soient plus à risque que d'autres, ce qui constitue une vraie inégalité.

AVIS DE L'EXPERT

Un jour, nous pourrons prédire le risque d'obésité chez un nouveau-né

Le professeur Philippe Froguel, spécialiste de l'obésité et du diabète, généticien et directeur du département de Génétique humaine de l'Institut de biologie de Lille (CNRS), travaille notamment sur la prédiction de l'obésité, dès les premiers jours de vie d'un bébé, surtout s'il est né dans une famille à risques.

« L'objectif est, grâce à un prélèvement de sang ou de salive, de voir si le nouveau-né a hérité de ses parents d'un ou de plusieurs gènes de l'obésité, pouvant justifier d'actions de prévention ciblées afin d'inverser son risque de devenir obèse plus tard, notamment à l'âge adulte. Une autre stratégie envisageable consisterait à modifier certains gènes, impliqués dans le processus de l'obésité, pour corriger l'histoire de la maladie et, pourquoi pas, diminuer, voire arrêter, celle de l'enfant, de l'adolescent ou même de l'adulte. »

Merci papa maman

Si les connaissances en la matière sont encore balbutiantes, on sait que les échanges entre la mère et l'enfant *in utero*, pendant la grossesse, sont cruciaux et vont constituer un déterminant prédictif de la courbe de poids de l'enfant à naître. On sait également de façon certaine que la grossesse des femmes en situation d'obésité ou de surpoids est considérée comme « à risque », ce qui conduit à une surveillance drastique, afin d'éviter l'hypertension artérielle ou le diabète dit « gestationnel », qui peuvent mettre en danger l'enfant à naître. Autre élément important qui peut engendrer une perte de chances face au poids : les naissances par césarienne (environ 100 000 par an en France). Une vaste étude de chercheurs américains, publiée dans la revue *JAMA Pediatrics*(10), révèle en effet que les enfants nés par césarienne ont un risque de 15 % plus élevé de développer une obésité que ceux nés par voie naturelle (voie basse). Pourquoi ? À cause du microbiote et ses bonnes bactéries qui ne sont alors pas transmises de la mère à l'enfant pendant l'accouchement. Ce risque est encore majoré si la mère est en situation d'obésité.

On a également découvert, assez récemment, que le poids du père semble également avoir un impact, et ceci, dès la conception. Ainsi, une équipe de chercheurs danois de l'université de Copenhague, dirigée par le biologiste Romain Barres, a montré que l'obésité du père peut altérer la qualité de son sperme et de l'ADN de ses cellules reproductrices (les spermatozoïdes), qui sera transmis au futur enfant lors du moment clef de la rencontre du spermatozoïde et de l'ovule(11). En d'autres termes, le père peut être un facteur de risque, lors de la conception, d'une susceptibilité à devenir obèse pour l'enfant à naître.

AVIS DE L'EXPERT

Le père a lui aussi une responsabilité biologique

Romain Barres, biologiste français et directeur de recherche au CNRS.

« Jusqu'à présent, la responsabilité de la santé de l'enfant à naître se portait exclusivement sur les femmes enceintes, leur environnement et leur alimentation. Notre étude suggère que les comportements des hommes avant la conception pourraient être importants pour la santé de leurs enfants. Cela ajoute une responsabilité "biologique" à des pères qui n'en avaient que peu auparavant. Nous travaillons actuellement à déterminer quels sont les facteurs impliqués, comme la quantité de graisse, de sucre, et de polluants alimentaires véhiculés par les spermatozoïdes du père, qui pourraient ainsi transmettre une prédisposition à développer des maladies métaboliques comme l'obésité chez l'enfant à naître. »

L'implication du microbiote intestinal

Depuis les années 2000-2010, les chercheurs analysent sans relâche, grâce aux progrès de la biologie moléculaire et au séquençage à très haut débit des gènes, les bactéries qui colonisent nos intestins (notamment l'intestin grêle et le côlon) et qui constituent le microbiote intestinal. Longtemps appelée « flore intestinale », cette somme de quelque 40 000 milliards de bactéries compose ce qu'on estime être notre « deuxième cerveau », mais aussi un organe à part entière (qui pèse de 1 kg à 2 kg). Et surtout, cet organe est d'une incroyable hétérogénéité : chaque individu possède le sien, qui est une sorte d'empreinte digitale bactérienne toute aussi unique que lui ! Il se construit dès la naissance, en partie lors de l'accouchement par voie basse

(via la flore vaginale et rectale de la femme qui va « ensemencer » le nouveau-né), ensuite pendant les trois ou quatre premières années de vie grâce à son environnement, son mode de vie et son alimentation. Fascinant ? Absolument, d'autant que la qualité du microbiote intestinal pourrait être un des facteurs favorisant la survenue de l'obésité : il a en effet été remarqué que le microbiote intestinal des personnes obèses est généralement beaucoup moins diversifié que celui des personnes de poids normal. Et non seulement il est moins diversifié, mais certaines bactéries bénéfiques, comme *Akkermansia muciniphila,* y sont moins présentes, et cette raréfaction a d'ores et déjà été corrélée avec l'obésité et le diabète de type 2. À l'inverse, certaines autres bactéries comme les firmicutes sont plus présentes chez les personnes en situation d'obésité.
En outre, le microbiote intestinal intervient dans le métabolisme énergétique, donc dans la quantité d'énergie que nous tirons de la nourriture : certaines flores « dépensières » facilitent la dépense énergétique alors que d'autres « épargnent » l'énergie... donc favorisent la prise de poids. Des travaux sur les personnes obèses ont d'ailleurs montré que celles présentant un « bon » microbiote intestinal, bien diversifié, perdaient plus facilement du poids... et, à l'inverse, que les personnes obèses au microbiote « appauvri » développent plus souvent une résistance à l'insuline et une augmentation des triglycérides. La piste du microbiote est passionnante... mais elle reste à affiner bien avant d'espérer apporter des solutions concrètes et thérapeutiques. Mais on progresse, et vite ! Ainsi récemment, une étude[12] sur une cinquantaine de patients soumis à une réduction de l'apport calorique pendant plusieurs semaines avec des menus riches en fibres, protéines et sucres de bas index glycémique a permis une baisse de poids de l'ordre de 5 % mais aussi d'améliorer la qualité du microbiote intestinal. Pour le moment, nous n'en sommes pas à envisager l'administration de bactéries « thérapeutiques » pour perdre du poids. Mais nul doute que d'ici quelque temps,

le microbiote prendra une place majeure dans l'accompagnement des traitements de l'obésité, du diabète et de beaucoup d'autres pathologies. Car chez la souris, des transferts de microbiote intestinal donnent déjà des résultats : on peut rendre des souris minces obèses... et inversement !

Des médicaments aux effets secondaires parfois fâcheux

Si les médicaments sont rarement responsables à eux seuls de l'apparition d'une obésité, certains font grossir et peuvent jouer un rôle favorisant, pour peu qu'on soit déjà prédisposé, ou en surpoids, et qu'on doive les prendre au long cours. C'est le cas des corticoïdes, des neuroleptiques, des antidépresseurs, des hypnotiques, de certains antihypertenseurs et antidiabétiques oraux, de l'insuline, du lithium, de la méthadone, d'antiépileptiques, et même de certains antihistaminiques, de bêtabloquants... Une longue liste ! Cet effet de prise de poids dite « iatrogène » peut s'expliquer, selon les molécules, par une augmentation de l'appétit, une réduction des dépenses énergétiques, une fatigue menant à réduire l'activité physique, de la rétention d'eau...

Le gras fait de la résistance

Quand les régimes font (finalement) grossir

Quelques kilos à perdre avant le maillot de bain, avant ou après les fêtes, au printemps ou pour la Saint-Valentin ? La pression est forte dès qu'on dépasse la taille 38-40, et les magazines, livres mais aussi les réseaux sociaux proposent pléthore de « solutions » rapides pour dégraisser. Quand on trouve qu'on a un peu de poids à perdre, cela semble quasiment miraculeux : il suffirait donc de se serrer la ceinture quelques jours ou semaines, supprimer les pâtes ou manger de l'ananas, se nourrir de plats livrés ou de sachets protéinés, et le tour est joué ! La réalité ? Les médecins le savent : tout régime va, effectivement, faire perdre un peu de poids pour peu qu'on s'y attelle vraiment, puisqu'ils sont pour la plupart réduits en calories. Une fois cette parenthèse de privations refermée, c'est l'euphorie : on peut « enfin » remanger comme avant ! Sauf que le corps, privé, même s'il a dû s'y habituer en déstockant et réduisant ses dépenses de fonctionnement (ce qu'on appelle son « métabolisme de base »), n'a pas apprécié cette disette et il ne veut pas se laisser berner. En représailles, il va donc stocker chaque petite calorie supplémentaire « au cas où », comme s'il anticipait la prochaine mise à la diète ! Si on remange comme avant, et même sans se laisser aller, on va donc plus ou moins vite reprendre le poids perdu... et pour peu qu'on s'autorise un peu à se faire plaisir, ce sera encore plus rapide. Bilan nul ? Non, hélas, c'est pire : on reprend plus de kilos qu'on en a perdu ! C'est ce que les pros appellent « l'effet yoyo ». Désespérant... et surtout, dangereux puisque la seule solution semble alors... de recommencer un nouveau régime, parfois encore plus drastique ! C'est un cercle vicieux, qui peut induire des troubles alimentaires, affecter le plaisir de manger mais aussi réduire l'estime de soi, déjà douloureusement atteinte quand on se trouve trop gros et qu'on en souffre, et... de façon perverse et contre-productive, entraîner une résistance de l'organisme (et notamment du tissu graisseux) à l'amaigrissement, qui peut installer le surpoids, ou mener progressivement vers l'obésité.

Des cellules graisseuses qui deviennent « malades »

Le tissu adipeux, qui permet d'épargner l'énergie sous forme de graisses, stockées dans des cellules spécifiques (les adipocytes), se modifie au fur et à mesure de la prise de poids : il devient pathologique mais aussi résistant à l'amaigrissement. Les adipocytes grossissent (on parle d'hypertrophie) et se multiplient (hyperplasie) pour favoriser le stockage partout où c'est possible dans le corps, notamment autour des viscères, dans la région intra-abdominale (ce qui est à l'origine de complications métaboliques). Mais surtout, ce tissu adipeux devenu malade et totalement hors contrôle passe insidieusement du stade de « simple gras » à celui d'un véritable organe à part entière, capable d'interagir avec son environnement.

AVIS DE L'EXPERT

Quand le tissu adipeux ne remplit plus sa fonction

D^re^ Karine Clément, directrice de l'Institut de cardiométabolisme et nutrition à l'hôpital de la Pitié-Salpêtrière à Paris.

« L'hypertrophie des adipocytes déclenche l'apparition, via des cellules inflammatoires, d'une inflammation faible, dite "de bas grade", chronique. Cette inflammation va à son tour favoriser l'apparition d'une fibrose autour des adipocytes, qui vient rigidifier la graisse, réduire sa plasticité et la rendre plus difficile encore à supprimer. Cette fibrose est une vraie complication car elle augmente les capacités à stocker du gras, et diminue celles à perdre du poids : le tissu adipeux malade n'est en effet alors tout simplement plus capable de jouer son rôle initial de stockage et de relargage des graisses. En outre, ce phénomène de remodelage pathologique du tissu adipeux affecte d'autres organes comme le foie ou le cœur et favorise les complications. Des études sont en cours pour agir sur ces cellules de l'inflammation et de la fibrose (désormais bien identifiées) grâce à des médicaments, mais ils sont encore au stade de la recherche sur l'animal : on peut toutefois les espérer d'ici cinq à dix ans. »

Vous l'avez compris, l'obésité n'est donc pas qu'une simple affaire d'alimentation excessive ou inadaptée. Elle est à la croisée d'histoires personnelles qui impliquent bien plus que ce qu'on mange, ce qui explique sans doute qu'elle soit difficile à traiter. Les « solutions », dont aucune n'est simple et miraculeuse, existent pourtant. Mais nous allons tout d'abord essayer de vous faire comprendre les enjeux de santé liés à la maladie. Comment est-elle diagnostiquée (et nous verrons que les outils de mesure ne sont pas forcément parfaits) ? Quelles sont ses conséquences (potentielles) sur la santé et les risques qu'elle peut faire courir ? Pourquoi et comment la prendre en charge ?

Le délicat diagnostic de l'obésité

L'IMC, une référence qui fait débat

On doit l'indice de masse corporelle, ou IMC (appelé en anglais BMI pour *Body Mass Index*), à un statisticien belge dans les années... 1830 ! Alors baptisé « indice Quetelet », du nom de son créateur, il devait être utilisé lors des études épidémiologiques. Dans les années 1950, cet indice a commencé à être employé par les compagnies d'assurance américaines, et il est progressivement rentré dans la médecine familiale, rebaptisé IMC en 1972. L'IMC se calcule en divisant le poids (en kg) par la taille (en m) élevée au carré : ainsi, une personne de 1,68 m pensant 88 kg aura un IMC de $88/1,68^2$ soit 88/2,82 = 31,2. On trouve sur Internet des calculateurs pour se simplifier le travail !

L'IMC est utilisé pour déterminer la corpulence de la personne, et la classe ensuite dans différentes catégories :

- IMC < 18,5 : maigreur ;
- IMC compris entre 18,5 et 24,9 : poids normal ;
- IMC compris entre 25 et 29,9 : surpoids ;
- IMC compris entre 30 et 34,9 : obésité ;
- IMC compris entre 35 et 39,9 : obésité sévère ;
- IMC > 40 : obésité massive (ou morbide).

C'est, certes, un outil simple et pratique, mais que beaucoup de spécialistes trouvent limité. D'ailleurs, pour exactement la même taille et le même poids, deux personnes peuvent avoir une morphologie totalement différente ! Même l'OMS le reconnaît : « On peut considérer que l'IMC offre la mesure la plus utile, même si elle est grossière, de l'obésité dans une population, mais il ne permet pas de prendre en compte la grande variation, qui existe dans la nature d'obésité, rencontrée chez différents sujets et dans différentes populations. » À noter également qu'il ne tient pas compte de la simple différence entre hommes et femmes (on sait que les femmes ont naturellement une masse graisseuse proportionnellement plus importante que celle des hommes) ! Surtout, on reproche également à l'IMC d'être un mauvais indicateur de la santé métabolique de l'individu. En effet, certaines personnes considérées comme en surpoids présentent une mortalité réduite par rapport à d'autres présentant un IMC normal. Simple ratio entre la taille et le poids, l'IMC ne tient en effet pas compte de la masse osseuse ou musculaire, et pas non plus de la répartition des graisses, qui est un élément pourtant crucial pour la santé.

AVIS DE L'EXPERT

L'IMC ne fait pas tout

Pr Jean-Michel Oppert, chef du service de Nutrition de l'hôpital de la Pitié-Salpêtrière, Paris.

« C'est un chiffre nécessaire mais qui ne fait pas tout, car entre un IMC de 29,9 et un de 30,1 ça ne change pas grand-chose dans la prise en charge. Pris de façon isolée, il n'est pas si important puisque notre champion du monde et médaillé olympique de judo, Teddy Riner, avec ses 140 kg et ses 2,04 m, serait alors considéré comme en obésité modérée avec un IMC de 33,6 ! Il est essentiel de déterminer le morphotype, c'est-à-dire la localisation du tissu graisseux, qui est un indicateur important en termes de risques pour la santé. »

AVIS DE L'EXPERT

Il faut différencier la masse grasse de la masse musculaire

Dr Guillaume Pourcher, chirurgien de l'obésité à l'Institut mutualiste Montsouris, Paris.

« Arnold Schwarzenegger est dans la même situation que Teddy Riner ! Pourtant, à leurs poids et taille s'ajoute une masse musculaire et osseuse hors du commun qui va modérer leur corpulence et son impact sur leur santé. Cette répartition corporelle peut être observée grâce à un autre examen, comme l'impédancemétrie, qui permet de différencier la masse grasse de la masse musculaire. »

Mesurer son tour de taille, un bon indicateur

Cette mesure d'une simplicité extrême (il suffit de mesurer le tour de taille, juste au-dessus de la pointe des hanches, avec un mètre souple de couturière) est pourtant très révélatrice puisqu'elle peut prouver la présence de graisse abdominale, considérée comme néfaste pour la santé car source de troubles métaboliques. Selon le dernier rapport du Sénat, on parle d'obésité abdominale lorsque ce tour de taille est supérieur à 100 cm chez l'homme et à 88 cm chez la femme.

Une étude menée par des médecins généralistes de 63 pays et s'appuyant sur 168 000 patients de 18 à 80 ans a ainsi montré que pour un IMC de moins de 25, le risque de développer un diabète est de moins de 5 % pour les hommes dont le tour de taille est inférieur à 84 cm, alors qu'il est de plus de 10 % pour ceux dont le tour de taille dépasse 107 cm(13). L'excès de masse grasse abdominale est, c'est prouvé, un facteur de risque de maladie métabolique très important qui ne doit pas être négligé, et qui justifie pleinement la mesure du tour de taille.

L'obésité et ses complications de santé

Le surpoids important qui caractérise l'obésité n'est pas sans conséquences. L'OMS recense ainsi 19 pathologies qui peuvent être déclenchées ou favorisées par cette accumulation de graisses : le diabète non insulinodépendant (dit « diabète gras » ou diabète de type 2), les maladies métaboliques et cardiovasculaires (cardiopathies, accidents vasculaires cérébraux), l'hypertension artérielle, certaines maladies neurodégénératives (maladies d'Alzheimer et de Parkinson), l'infertilité, les maladies et problèmes articulaires (arthrose), les problèmes respiratoires (apnées du sommeil, hypoventilation, asthme), l'incontinence urinaire… En plus de ces maladies, qui peuvent mener à des invalidités, il faut compter les difficultés psychologiques (mésestime de soi, dépression, isolement, etc.). Ce n'est hélas pas tout. Il faut y ajouter les cancers et, depuis peu, le Covid-19.

L'obésité favorise certains cancers

Selon l'Institut national contre le cancer (Inca), le surpoids et l'obésité sont associés à un risque accru de développer un cancer pour une quinzaine de localisations différentes, dont le sein (post-ménopause) et le côlon-rectum (deux cancers particulièrement fréquents en France), mais également le foie, le pancréas, l'œsophage, l'estomac, le rein, l'endomètre et les ovaires… L'excès de masse grasse est en effet associé à des perturbations métaboliques : des altérations du métabolisme des hormones sexuelles pourraient ainsi favoriser les cancers hormono-dépendants, des taux élevés d'insuline ainsi qu'une résistance de l'organisme à cette hormone, et l'inflammation « à bas bruit » présente, faible mais chronique (liée au fait que le tissu adipeux produit des molécules inflammatoires), pourrait créer un environnement favorable au développement tumoral. Autant d'impacts délétères qui n'ont rien d'anodins ou d'exceptionnels, puisque près de 18 000 nouveaux cas de cancers en France étaient attribuables à une surcharge pondérale en 2015, soit 5,4 % de l'ensemble des nouveaux cas de cancers. Cette proportion était de 6,8 % chez les femmes et 4,2 % chez les hommes. De plus, chez les patients atteints de certains types de cancer, l'obésité peut également être associée à un pronostic plus défavorable ou à des risques augmentés de récidive, comme dans le cancer du sein et du côlon.[14]

L'obésité, un risque pendant la pandémie de Covid-19

Nous n'oublierons pas de sitôt la pandémie liée au virus SARS-CoV-2 : elle a non seulement concerné toute la planète, enfermé les corps et marqué les esprits, mais a aussi entraîné 168 000 décès en France (chiffres 2023, Statista) et près de 7 millions de morts sur la planète. Mais si on a beaucoup parlé des personnes âgées, on sait moins l'impact terrible que le virus a eu sur les personnes en surpoids et obèses, qui, particulièrement fragiles, ont développé des formes sévères de l'infection : elles ont représenté, selon le CNAO, 47 % des personnes hospitalisées en réanimation et 40 % des décès. Pour l'OMS « la pandémie de Covid-19 a encore accru l'urgence du problème de l'obésité ». Et pourtant… cela n'a pas suffi à déclencher un vrai plan de lutte, comme le déplore notre expert.

AVIS DE L'EXPERT

On a raté le coche

Pr Daniel Nizri, cancérologue, président de la Ligue contre le cancer et du Plan national nutrition santé (PNNS).

« Selon Santé publique France, il y a eu 200 000 morts pendant la crise du Covid en France dont 40 % étaient des personnes en surpoids et en obésité. Avec de tels chiffres, pourquoi n'avons-nous pas fait le choix de nous attaquer à ce problème de l'obésité, et de mobiliser les Français sur cette question, d'autant qu'ils étaient prêts à l'accepter, puisque la politique du "quoi qu'il en coûte" du président de la République Emmanuel Macron avait déjà généré de très fortes dépenses. En 2003, Jacques Chirac, alors président, a décidé de faire de la lutte contre le cancer une grande cause nationale, et un des chantiers majeurs de son septennat. Il a mis en place le premier plan Cancer qui a permis une véritable dynamique dans la lutte contre cette maladie avec des résultats en termes d'organisation, de recherche, de prévention et surtout en termes de rémission et de guérison pour des milliers de malades. Avec le Covid-19, on aurait dû faire la même chose, car lorsqu'on voit le coût en milliards de l'obésité... on a manqué une occasion ! »

L'obésité peut tuer

Selon l'OMS, le surpoids et l'obésité seraient responsables de 13 % des décès en Europe, et de la mort d'au moins 2,8 millions de personnes sur la planète chaque année. C'est la quatrième cause de mortalité au niveau mondial. Le Rapport régional européen de l'OMS sur l'obésité 2022 met en garde contre les graves risques sanitaires associés à l'augmentation des niveaux d'obésité. Le surpoids et l'obésité, selon l'OCDE, entraîneraient une réduction de l'espérance de vie moyenne de 2,3 ans.

Un coût financier conséquent

Une analyse de la Direction générale du Trésor de 2016 évalue en France le coût social de la surcharge pondérale à 20,4 milliards d'euros par an, soit 1 % du PIB, dont 9,5 milliards pour la seule dépense de santé (coût direct)[15]. C'est un montant proche de celui de l'alcool et du tabac. Le surpoids et l'obésité sont également responsables de 70 % de toutes les dépenses liées au diabète mais aussi de 23 % des dépenses cardio-vasculaires, et de 9 % de celles liées au cancer. Alors qu'elles représentent un peu moins de la moitié de la population, les personnes obèses ou en surpoids contribuent à une part plus élevée des dépenses de santé (56 % pour les soins de ville et probablement davantage à l'hôpital). Dans un système de santé au bord de l'effondrement, ne serait-il pas temps d'agir en amont, de prévenir, de dépister, de soigner tôt, pour éviter l'envol des coûts ?

Traiter l'obésité : où en sommes-nous ?

Pendant longtemps, la seule solution envisagée pour améliorer le sort et la santé des personnes en situation d'obésité a été de les mettre « au régime sec », c'est-à-dire hypocalorique. Une méthode dont on sait l'effet pervers puisque toute perte de poids est généralement suivie, par effet yoyo, d'une reprise des kilos (parfois supérieure) à court, moyen ou long terme. « Mangez moins, bougez plus », cette recommandation, quand on a 40 kg à perdre, peut aussi s'avérer pour le moins décourageante... surtout quand on ne sait pas « comment faire ».

La chirurgie bariatrique, une solution efficace... sous conditions

La chirurgie de l'obésité est apparue dans les années 1950-1960, aux États-Unis, pour traiter les obésités massives (ou morbides). Au départ traitement d'exception, elle s'est considérablement développée (avec des indications précises) en France : en 1997, 2 800 interventions avaient été réalisées et en 2016... 59 300, soit vingt fois plus[16] ! Les femmes représentent 80 % des personnes opérées.

Comment ça marche ?

On distingue plusieurs techniques. Certaines non chirurgicales (et temporaires, parfois possibles avec un IMC supérieur à 27 en cas de comorbidités), telles que l'anneau gastrique ou gastroplastie, qui consiste à placer un anneau en silicone en haut de l'estomac, pour permettre un rétrécissement de celui-ci. C'est une technique qui n'est quasiment plus utilisée, au contraire de la suivante. La technique du ballon gastrique, elle, consiste à faire avaler (sous forme de gros comprimé ou par endoscopie) un ballon, qui se place dans l'estomac ; il est ensuite gonflé d'eau via un cathéter, et occupe donc du volume, ce qui réduira la prise alimentaire. Le ballon s'évacuera seul après quelques mois, le temps de prendre de nouvelles habitudes alimentaires. C'est une technique rapide et sans chirurgie, non définitive mais aussi non remboursée. Enfin, la « sleeve gastroplastie » ou « endosleeve », apparue récemment, consiste à faire des sutures non résorbables dans l'estomac, pour réduire l'expansion de celui-ci pendant la prise alimentaire et ralentir la vidange gastrique. Elle est réalisée sous anesthésie générale, lors d'une fibroscopie de l'estomac, donc par voie naturelle et sans cicatrice. Sa durée de vie est de deux ans environ. Elle n'est pas remboursée.

Mais les techniques les plus courantes et usitées aujourd'hui sont chirurgicales (et définitives), considérées par l'OMS comme le traitement de référence de l'obésité morbide. La Haute Autorité de Santé (HAS) a publié des recommandations de bonnes pratiques en 2009 (et en 2011 et 2016 pour les mineurs, avec des critères plus stricts) qui peuvent être consultées pour avoir tous les détails, indications et implications(17).

Ces techniques et l'hospitalisation qu'elles exigent sont remboursées, sous réserve d'accord préalable de l'Assurance Maladie. Les indications sont donc strictes :

- un IMC > 40 ou un IMC > 35 en cas de comorbidités associées pouvant être améliorées par une importante perte

de poids, comme le diabète, l'hypertension artérielle, une apnée du sommeil, une stéatose hépatique non alcoolique (ou Nash, qui est une surcharge graisseuse du foie) ou une arthrose invalidante ;
- des tentatives passées de perte de poids (avec une prise en charge spécialisée de plusieurs mois), mais soldées par des échecs ;
- pas de contre-indications à la chirurgie (comme une dépendance à l'alcool) ni à l'anesthésie générale.

Une phase de préparation de plusieurs mois est indispensable, au sein d'une équipe pluridisciplinaire (associant notamment chirurgien, médecin-nutritionniste, diététicien-nutritionniste, psychiatre ou psychologue, anesthésiste). Elle inclut également une batterie de bilans (état de santé, état psychologique, activité physique, etc.) préalables.

Deux possibilités chirurgicales existent[18] :

- **La sleeve (ou sleeve gastrectomie, gastrectomie longitudinale, gastrectomie en manchon)**

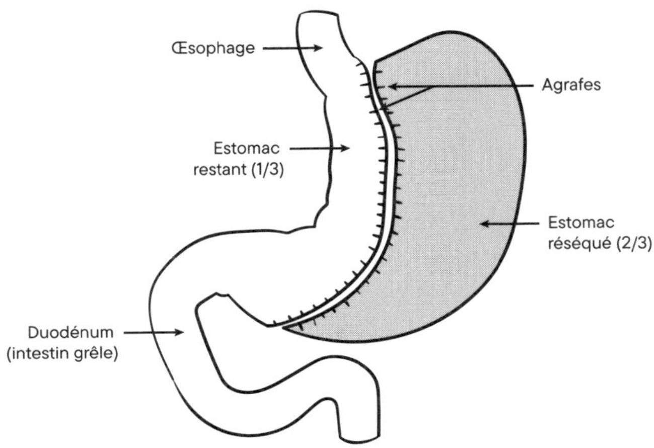

C'est désormais la technique la plus couramment pratiquée. Elle consiste à court-circuiter une partie de l'estomac (les deux tiers environ), pour réduire celui-ci à un simple tube et supprimer notamment la partie de l'estomac contenant les cellules qui sécrètent l'hormone de l'appétit (ou ghréline). La sensation de satiété apparaît en outre plus rapidement.
La perte de poids attendue est de 45 à 65 % de l'excès de poids après deux ans (perte de 25 à 35 kg).

- **Le by-pass (ou court-circuit gastrique en Y)**

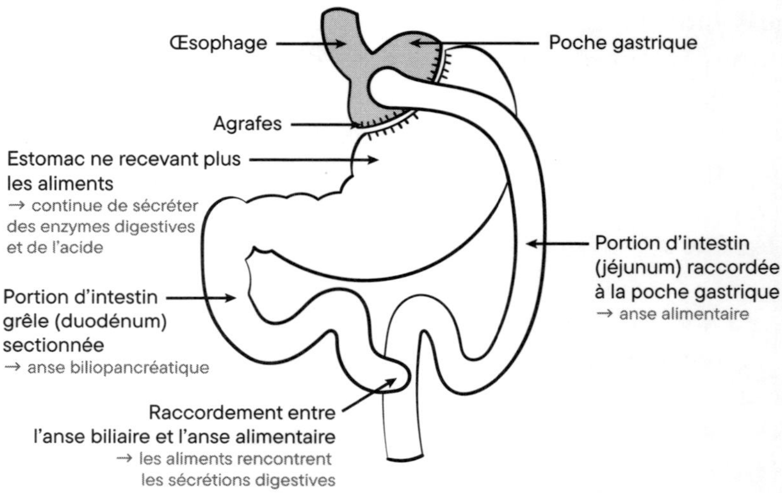

Il consiste à réduire l'estomac au strict minimum et à modifier le circuit alimentaire en court-circuitant l'estomac au niveau de sa partie haute pour le rebouter à l'intestin grêle (les organes court-circuités ne sont pas retirés). Avec cette dérivation intestinale, les aliments ingérés sont ainsi envoyés directement dans l'intestin grêle. Le by-pass réduit l'assimilation des aliments et nutriments par l'organisme.
La perte de poids attendue est de 70 à 75 % de l'excès de poids (perte de 35 à 40 kg).

La chirurgie bariatrique, grâce à un suivi rigoureux et un engagement de la personne opérée qui doit modifier ses habitudes alimentaires, permet une perte de poids durable, inenvisageable par d'autres méthodes. Elle permet également, et cela n'a rien d'accessoire, de réduire significativement de nombreux risques associés à l'obésité comme le diabète, l'hypertension, la dyslipidémie, l'apnée du sommeil, ce qui réduit le risque d'accidents cardiovasculaires et a un effet sur la mortalité... En prime, cette chirurgie a des effets positifs sur le microbiote ! Enfin, elle améliore la qualité de vie, notamment, selon la HAS, l'estime de soi, les possibilités d'activités physiques, les relations sociales, et l'activité sexuelle.

Une vraie renaissance

Raphael, 50 ans, agent immobilier, Bordeaux

Quand on le voit, la cinquantaine dynamique, la main ferme et décidée et un corps sculpté à force de travail en salle et de CrossFit, on n'imagine pas un seul instant qu'il a vécu le parcours douloureux de l'obésité. Pourtant Raphael, enfant du Sud-Ouest issu d'une famille qui apprécie la fête et la bonne chère, prend du poids. À 14 ans, il pèse 90 kg et subit moqueries, solitude et souffrance. Son statut de personne en surpoids s'aggrave lorsqu'il entre dans le monde du travail où sa priorité est d'apprendre et de réussir, au prix d'un stress qu'il réussit à gérer... mais pas son poids, qui s'envole. Ce qui l'oblige à consulter de nombreux médecins, dont l'un d'entre eux, il s'en souvient encore, lui conseille tout simplement de moins manger. « Celui-là devrait retourner à l'école ou faire un autre métier », confie-t-il aujourd'hui. Face à l'absence de prise en charge spécialisée, il va se prendre en main et se tourne vers les régimes en tous genres et inégaux en termes de résultats, qui tous le conduiront vers l'effet yoyo qui ne le lâchera plus. « Marcher simplement dans la rue plus de trente minutes, monter des escaliers, me promener au soleil tout transpirant, m'était devenu insupportable. » Sa prise de conscience surgit lorsqu'il n'arrive plus à courir derrière sa petite fille. Il pèse 147 kg et sa survie est clairement en jeu compte tenu de ses facteurs de risques, comme l'hypertension artérielle. En septembre 2016, il consulte le Dr Guillaume Pourcher, un des meilleurs chirurgiens de sa génération, et subit une chirurgie par sleeve après une batterie de tests, consultations spécialisées et bilans. Opération réussie. Pour Raphael, c'est une renaissance. En une année, il perd la moitié de son poids et il applique à la lettre la règle « des 30/70 » : 30 % correspondant à la maîtrise du geste chirurgical et 70 % au travail post-opératoire du patient. Non seulement il perd jusqu'à trois tailles de pantalon mais en plus il s'impose un programme sportif drastique. Comme toute personne victime d'une maladie qui a justifié cette intervention chirurgicale, il sait que sa situation est fragile, ce qu'il résume par l'expression « Obèse un jour, obèse toujours ». « Je dois rester très vigilant, surtout en prenant de l'âge. Je me suis récemment blessé à l'épaule, et il m'a fallu deux mois pour cicatriser (alors que dix ans plus tôt, cela aurait pris à peine deux semaines). Résultat, j'ai repris 8 kg pendant cette période de convalescence et de manque d'activité physique ». Raphaël n'hésite pas à se peser régulièrement, et s'assure que sa fille de 11 ans, qui a hérité de sa génétique, ne connaisse pas le même parcours. « Je l'invite à faire attention, et je lui ai transmis mon plaisir à faire du sport. »

La chirurgie, un vrai projet de (nouvelle) vie

Depuis plus de trente ans, la chirurgie de l'obésité bat son plein avec des réussites mais aussi parfois des échecs, souvent attribués à un manque de suivi du patient et d'adhésion de celui-ci aux

nouvelles règles hygiéno-diététiques qui doivent pourtant être suivies à vie. Car son implication à long terme est essentielle, et en cela, chaque patient doit rester informé, soutenu et encadré au long cours.
Tous les rapports, enquêtes, d'institutions officielles, comme l'Académie de médecine, confirment hélas le manque de suivi des malades, une fois opérés, dont certains, laissés sans surveillance ni conseils, risqueront alors de reprendre du poids. La Haute Autorité de Santé recommande, avant toute intervention de chirurgie bariatrique, de suivre les malades pendant au moins six mois, voire plus longtemps encore, quitte à reculer l'intervention si un des professionnels soignants impliqués estime que le malade n'est pas prêt à la chirurgie ni suffisamment préparé. En effet, selon un rapport de l'Académie de médecine paru en 2018, les patients qui ont reçu une évaluation préopératoire complète et personnalisée ont des taux de réussite plus élevés dans la gestion de leur poids à long terme[19].
Après l'intervention, tout n'est donc pas gagné, bien loin de là, et c'est pour cette raison que le suivi est impératif : le patient doit rester motivé et engagé, jour après jour et à vie, pour éviter les complications tardives, notamment digestives, mais aussi prévenir les carences nutritionnelles qui peuvent comporter des risques. Or, le rapport de l'Académie de médecine relève que près de la moitié des patients opérés sont ensuite « perdus de vue ».
Pour tenter de limiter le nombre d'échecs, tout en garantissant une parfaite sécurité aux candidats à la chirurgie, l'arrêté du 29 décembre 2022 impose de nouvelles restrictions, en réservant le droit d'opérer aux seuls services qui pratiquent plus de cinquante interventions annuelles par an : les autorités de santé et société savantes ont en effet, à juste titre, considéré qu'on ne maîtrise bien que ce que l'on fait souvent. Une chirurgie de qualité est effectuée par une équipe pluridisciplinaire dédiée, avec un plateau technique complet, qui a non seulement l'habitude d'opérer, mais aussi de gérer les difficultés ou complications

potentielles pendant l'intervention, et de suivre les patients. L'expérience fait la qualité d'une unité.

La nécessité d'un soutien et d'un accompagnement

Perdre rapidement du poids, se transformer visiblement, n'est pas forcément toujours simple à vivre, même si cela était souhaité de longue date : des fluctuations de l'estime de soi, des troubles de l'image corporelle peuvent apparaître, raison pour laquelle un suivi psychologique est recommandé, permettant d'améliorer le bien-être émotionnel du patient. C'est d'autant plus important que plusieurs publications ont fait état d'une augmentation de l'abus d'alcool, de traitements antidépresseurs ou anxiolytiques après une chirurgie bariatrique. Plusieurs études, notamment une effectuée en Suède[20], notent également une augmentation significative des comportements d'automutilation et des suicides chez les personnes obèses opérées (par rapport à d'autres ayant bénéficié d'un traitement de type coaching sans chirurgie). Bouleversements psychologiques mais également altérations neuroendocriniennes (avec des impacts sur l'humeur, l'anxiété et la dépression) pourraient expliquer ce phénomène. De quoi motiver un soutien psychologique post-opératoire rapproché à long terme.

Vers des traitements médicamenteux de l'obésité ?

Depuis quelques mois, on assiste à une « révolution thérapeutique », pour reprendre la formule de la professeure de nutrition et chercheuse, Karine Clément, avec l'arrivée sur le marché de médicaments spécifiquement dédiés aux personnes en situation d'obésité chez lesquelles une prise en charge nutritionnelle et des changements du mode de vie sont restés inefficaces, quand l'obésité compromet l'autonomie, ou entraîne l'altération sévère d'un organe. Ainsi le Wegovy® (semaglutide, dérivé de l'antidiabétique Ozempic) mime l'action d'une hormone (le glucagon-like peptide-1 ou GLP-1), qui agit à plusieurs niveaux : il cible des zones cérébrales qui régulent l'appétit et l'apport alimentaire (avec un effet coupe-faim), ralentit la vidange gastrique, et agit sur le pancréas pour améliorer la sensibilité à l'insuline. Aux États-Unis, le Zepbound® (tirzépatide) agit de la même façon. Ces médicaments révolutionnaires sont promis à un bel avenir puisque le marché mondial est estimé à 140 milliards de dollars d'ici 2032... Toutefois, ces molécules restent sous haute surveillance et leur prescription sera rigoureusement encadrée pour éviter toute dérive (d'autant qu'ils présentent des effets indésirables). La promesse de perte de poids est de 5 à 20 %.

Et maintenant ?

Comme nous espérons vous l'avoir fait comprendre à la lecture de cette partie plutôt informative, il n'existe pas une obésité mais des obésités, pas une cause mais plusieurs causes... et la diversité des traitements permet d'entrer aujourd'hui, nous l'espérons, dans une nouvelle ère, offrant progressivement une meilleure prise en charge, au plus proche de chaque malade. L'installation progressive de traitements spécifiques à l'obésité traduit aussi le fait qu'on commence à mesurer qu'il s'agit d'une vraie maladie, nécessitant des traitements adéquats... ce qui constitue une des revendications des associations depuis des années. Est-ce à dire que la médicalisation de l'obésité atteint enfin sa maturité ?

La reconnaissance officielle : une urgence !

Avant toute chose, et comme toutes les associations, nous demandons que l'obésité soit officiellement reconnue comme une maladie, et précisément comme une ALD (affection de longue durée) par le gouvernement français et ses hautes instances, ce qui n'est toujours pas le cas… alors qu'elle est pourtant reconnue comme étant une maladie chronique par l'OMS depuis 1997 ! En 2007, la publication d'une résolution du Parlement européen stipulait également que celui-ci « recommande à tous les États membres de reconnaître officiellement l'obésité en tant que maladie chronique, afin d'éviter toute forme de stigmatisation des personnes obèses et de discrimination à leur encontre, et de garantir qu'elles ont accès à un traitement approprié dans le cadre de leurs systèmes nationaux de santé ». Et pourtant, en France, ce n'est toujours pas le cas ! Cette reconnaissance peut vous sembler être un détail, mais c'est bien le contraire, elle est essentielle et cela changerait tout !

L'obésité est une maladie, comme toutes les autres maladies. Qui se permettrait de se moquer ou de juger une personne qui souffre d'un cancer, d'une hypertension artérielle, d'un diabète, ou qui a subi un AVC ? Pourtant, nous concernant, certains s'autorisent à nous incriminer, à nous rejeter, à nous harceler. Pensez-vous que l'obésité soit mon choix de vie ? Je vous le dis : ce n'est pas le cas !

Nous avons besoin de la reconnaissance de notre statut de malade si nous voulons avancer pour les patients, et leur dire que l'obésité est une inflammation chronique du tissu graisseux, ainsi que pour faire évoluer l'état d'esprit de la population générale, de certains soignants, de certains personnels d'encadrement des enfants, de fabricants de matériel médical adapté, des maisons de retraite, de fabricants textiles pour créer des vêtements enfin à notre taille. Nous en avons également besoin pour lutter contre le harcèlement scolaire, permettre de faire du sport adapté quel que soit l'âge, accélérer une prévention pertinente et de qualité, évaluer le dispositif des « trente minutes d'activité par jour » créé à l'initiative du président Emmanuel Macron…

Il faut aussi légiférer pour pouvoir déposer des recours juridiques contre les injures et les discriminations, former les recruteurs face aux problèmes d'embauches, mais aussi les soignants (médicaux et paramédicaux) pour garantir une meilleure connaissance de la maladie et de sa prise en charge et plus de bienveillance... Enfin, il faut gagner en diversité dans les médias à tous niveaux, avoir des présentateurs, chroniqueurs, acteurs de séries ou de films en situation de surpoids ou d'obésité, afin de changer le regard que porte la société tout entière sur les personnes vivant avec une obésité, qui auraient ainsi enfin l'occasion de passer du rôle de « coupables » qu'on leur attribue trop souvent à celui de « victimes ».

Cela coûterait-il cher ?

Oui, certainement dans un premier temps, mais par la suite, cela permettrait de faire des économies. On dit qu'un euro investi dans la prévention fait gagner à terme entre quatre et six euros, et c'est sans compter l'impact sur la vie sociale des personnes... De plus, l'obésité coûte déjà très cher, de plus en plus au fil des années puisque le nombre de personnes concernées flambe ! Le coût du soin ne pourra jamais dépasser celui de l'inaction actuelle ! Nous sommes, en France et à ce jour, plus de 47 % de la population (soit plus de 31 millions de personnes !)[(1)] à souffrir de surpoids ou d'obésité, et les prévisions de l'OMS en 2030 sont plus qu'alarmistes. Il est donc urgent d'agir !

Mieux encore, nous demandons[2] que l'obésité soit déclarée par le Premier ministre « grande cause nationale 2025 » : c'est le meilleur moyen pour que l'on mette en route des actions opérationnelles entre différents acteurs, qu'on en parle, qu'on informe, qu'on communique, pour qu'on ne puisse plus éviter le sujet... mais, plus que tout : pour que les choses bougent, enfin !

---

2. Toutes ces demandes, ainsi que mes propositions pour lutter contre la discrimination que vous allez lire dans les pages suivantes, je les ai formulées clairement dans un rapport dont la remise officielle au ministère de la Santé est prévue pour mars 2024.

PARTIE 2

ON N'AIME PAS LES « GROS » OU LA FABRIQUE DES DISCRIMINATIONS

ELLE NOUS RACONTE

« LA DISCRIMINATION MÉRITE UN COMBAT ACHARNÉ ET SANS RÉPIT »

Anne-Sophie Joly

« Je vis avec la discrimination depuis mon adolescence. Une grossophobie insupportable qui se prolonge aujourd'hui encore inexorablement et violemment, avec des mimiques, des regards blessants et des avis péremptoires de personnes qui se croyant bienveillantes ou bien-pensantes qui font mal, très mal. Encore l'été dernier, lors de vacances en Bretagne, le coup a été dur à encaisser. Au marché, je me retrouve face à des retraités qui accusaient, sur un ton dégoûté et inquisiteur, le traiteur de la boucherie-charcuterie d'être plus gras que le morceau de lard qu'il vendait. Mon sang n'a fait qu'un tour et je n'ai évidemment pas réussi à me taire : « Mais ne pensez-vous pas être discriminants vis-à-vis de lui, n'avez-vous pas la sensation d'insulter cette personne, monsieur et madame ? » Et sans que je puisse rentrer dans plus d'explications, la haine de leurs propos se retourne contre moi : « Et vous, vous vous êtes vue, comme grosse vache ? C'est un comble ! » Une réponse violente, gratuite, sans argument ni profondeur et une insulte de plus. Autant vous dire que lorsque je leur ai demandé de me répéter, droit dans les yeux, leurs propos devant mon téléphone pour l'enregistrement en vue de mon dépôt de plainte, il n'y avait plus personne ! J'ai mis des jours à décolérer tellement j'ai été choquée de ce que je venais de vivre et entendre. Ce pauvre boucher ne bougeait plus, me regardait avec compassion, complètement sonné…

Mais savez-vous que la discrimination et la grossophobie sont ce qu'il y a de plus répandu dans le monde et de plus toléré… y compris par les victimes elles-mêmes ? Nous entendons moqueries, insultes et humiliations et les subissons parfois depuis si longtemps que nous finissons par nous dire : « Mais si l'on me dit que je suis un(e) moins que rien, un(e) bon(ne) à rien, que tout est de ma faute, c'est qu'ils ont peut-être raison ? Je n'arrive pas à perdre du poids durablement, mon estime de moi est anéantie, donc à quoi bon se battre ? »

Pendant ces vacances, j'ai pris le temps de m'occuper de moi, ce qui est rare dans le tumulte de ma vie parisienne de militante, de femme et de mère. Je rentre dans un salon de coiffure, en bord de mer, et le responsable me dévisage de la tête aux pieds, surtout lorsque je lui demande la totale, soins, coupe, couleur sur les racines, et séchage. Il me regarde par-dessus les verres de ses lunettes, d'un air circonspect, puis m'ignore tout simplement et s'adresse aux autres clientes arrivées après moi dans le salon. Une personne obèse, ce n'est pas bon pour l'image et sa clientèle ! Je suis convaincue que si j'avais présenté une physionomie différente, il ne m'aurait pas ignorée de la sorte ou regardée de travers. Qu'importe, je suis là et j'y reste, il va me répondre, que cela lui plaise ou pas, mais je me suis sentie humiliée, une fois de plus.

Parfois, cette stigmatisation est plus subtile, plus vicieuse mais tout aussi douloureuse : on frappe les proches pour « blesser la bête ». Mon fils, âgé à l'époque de 5 ans, en a fait les frais à l'école quand on lui a lancé que sa mère était « une grosse vache ». Les enfants sont parfois terribles entre eux ! J'ai été obligée de dédramatiser la situation en lui expliquant qu'il n'était en rien responsable de quoi que ce soit, qu'il était victime, et sûrement pas coupable. Quelques jours plus tard, je suis invitée à une émission de télévision, un JT de grande écoute, en tant que représentante des associations d'obèses pour sensibiliser au fait que la discrimination, contre laquelle je me bats, se manifeste partout dans la société. Mon petit loup est à nouveau agressé à propos du poids et de la physionomie de sa mère. Mais cette fois, il choisit une repartie que je ne lui ai certainement pas soufflée : « Oui, ma maman est plus grande, et plus grosse que la plupart des mamans, mais elle est exceptionnelle et elle, elle passe à la télé, pas la tienne ! » Et tac dans les dents ! La discrimination est un problème de société qui mérite un combat acharné et sans répit. C'est à ce prix qu'on réussira à accélérer un processus d'intégration, de changement et de bienveillance. Ne soyons pas négatifs, des réalisations voient le jour, encore balbutiantes, certes, mais elles existent, comme les défilés de mannequins en surpoids ou obèses, les films ou les documentaires, les vêtements de grande taille... Il faut poursuivre nos efforts, continuer le combat, informer, expliquer, convaincre et aller plus loin en légiférant comme cela a été fait pour d'autres questions sociétales et discriminations. Il y va de notre santé mentale et physique et de celle de notre société. »

Chapitre 1

DISCRIMINATION, STIGMATISATION, GROSSOPHOBIE : DE QUOI PARLE-T-ON ?

La stigmatisation du poids est la plus répandue mais aussi la plus tolérée dans le monde, de façon consciente et inconsciente. Pauvres de nous, nous ne sommes pas au bout de nos peines ! Cette discrimination quasi permanente se transmet même de génération en génération, comme si elle était institutionnalisée. Rien ne change… alors que tout doit changer ! Il suffit de regarder les comportements à l'école (du corps enseignant, du personnel d'encadrement et des élèves entre eux) mais également dans le monde du travail où, à compétences égales voire supérieures, on préférera la personne non obèse, sans oublier bien sûr la violence subie parfois dans les hôpitaux et les cabinets médicaux de la part des soignants eux-mêmes. Un scandale dont bien peu de personnes, mis à part les victimes, semblent prendre conscience… Il est grand temps de graver dans le marbre que la discrimination est non seulement une épreuve de plus à endurer, mais qu'elle est aussi contraire à la loi, et de mettre en place des représentations positives qui permettent à tous, personnes en situation d'obésité évidemment incluses, d'intégrer qu'ils ont leur place dans notre société et que cette place ne peut leur être refusée ou être réduite à peau de chagrin… Travaillons tous à créer un environnement favorable, pour une société inclusive, ouverte et bienveillante.

Mettre des mots sur un mal

En matière de discrimination, il faut commencer par le commencement : les termes employés. Ceux qui excluent et condamnent des personnes pour ce qu'elles sont, mais aussi ceux qui définissent le problème, et permettent d'en comprendre la portée. La **discrimination** se définit dans le dictionnaire par le fait de séparer un groupe humain des autres en le traitant plus mal. En droit, une discrimination est un traitement défavorable qui doit remplir deux conditions cumulatives : être fondé sur un critère défini par la loi (sexe, âge, handicap, etc.) ET relever d'une situation visée par la loi (comme l'accès à un emploi, à un service, un logement, etc.). La **stigmatisation** est l'action de chercher à déconsidérer une personne. À l'origine, ce terme signifie d'ailleurs « marquer au fer rouge ». Enfin, la **grossophobie** est un terme spécifique aux problèmes que nous abordons ici, puisqu'il regroupe l'ensemble des attitudes et comportements hostiles qui stigmatisent et discriminent les personnes grosses, en surpoids et obèses. Ce terme, qui n'est apparu dans le dictionnaire Petit Robert qu'en 2019, avait été vulgarisé dans les années 1990 par Anne Zamberlan, actrice, fondatrice de l'association Allegro fortissimo (fondée dès 1989 pour soutenir les personnes en surpoids), auteure de l'ouvrage *Coup de gueule contre la grossophobie* (1994, Ramsay), et décédée en 1999. Il est passé dans le langage courant mais garde un sens militant. Dans ce mot « grossophobie », le suffixe « phobie » ne se traduit pas par « peur », mais plutôt par « antipathie violente » voire « aversion ».

On « n'aime pas les gros », ces personnes aux corps non normés, non pas en raison de qui ils sont au plus profond d'eux, leur personnalité, leur choix de vie, leur caractère ou leurs opinions, mais à cause de leur poids.

La discrimination est illégale.
En France, la discrimination est définie selon douze critères, aussi variés que la religion, l'âge, l'orientation sexuelle, l'origine géographique ou la nation, l'état de santé, la situation de famille… et l'apparence physique (et non pas la corpulence, mais elle en fait logiquement partie), et est inscrite dans le Code pénal (article 225-1).

Un vocabulaire dégradant

Le terme « obèse », employé de manière isolée, est terriblement excluant, stigmatisant, et donc violent, explique le Pr Philippe Cornet, sociologue, professeur-enseignant de médecine générale à l'université Paris-Sorbonne et auteur de la thèse *Corps obèse et société, regards croisés entre médecins et patients*[21]. « Le qualificatif d'"obèse" revient à considérer que la personne se réduit à son morphotype, voire à sa maladie si l'on considère l'obésité comme telle. Ce raccourci est-il convenable ? Est-il respectueux ? Peut-on ainsi n'appréhender l'autre que par l'une de ses caractéristiques ? Pourquoi le faire pour les pathologies chroniques (par exemple le "diabétique", "l'hypertendu", "l'insuffisant cardiaque"), alors que les pathologies aiguës ne s'y prêtent pas : que dire devant une otite, une méningite, une pneumonie ? C'est pourquoi nous avons décidé d'utiliser les termes suivants : nous parlerons d'une "personne en situation d'obésité" ou "qui souffre d'obésité" lorsqu'il ne s'agit pas d'une relation de soin, d'un "patient en obésité" si c'est le cas. »

Le rejet de la différence

Nous sommes tous uniques, tous différents, et bien peu de personnes ont dans la réalité du miroir un corps que l'on pourrait qualifier d'« idéal » ou de « parfait », une notion qui varie d'ailleurs selon les époques mais qui signe toujours une dictature de l'apparence dont chacun sait qu'elle est préjudiciable. Un corps n'est considéré comme hors norme que parce qu'il existe une norme et un standard, censés représenter le beau, et dont il faudrait se rapprocher le plus possible, en ayant recours à des sacrifices si nécessaire. « L'obésité, ne pouvant prétendre à la norme corporelle, se trouverait de fait exclue de toute possibilité du beau, écrit Philippe Cornet. Et plus le corps s'éloigne de cette idée de "canon de beauté", plus le risque de stigmatisation croît. » Mais comment expliquer la mise à l'écart liée au poids ? En réalité, « la disqualification du corps obèse génère une double stigmatisation, écrit le Pr Cornet : l'une touchant au physique, l'autre ayant trait à l'absence de vertus morales prêtée à l'obèse [...]. Car on lui suppose des caractéristiques psychiques pour s'être laissé aller à être obèse : manque de volonté, manque de résistance devant les sollicitations nutritionnelles, manque d'estime de soi, manque de fiabilité... car en observant une imperfection, nous sommes enclins à en supposer toute une série ». Non seulement la personne obèse est en rupture avec la norme, mais « on lui reproche également de ne pas avoir fait les efforts suffisants pour s'y conformer ». Alors que les individus ont tous les moyens d'être les propres sculpteurs de leur corps, pourquoi les obèses ne « s'en sont-ils pas donné la peine » ? Il est étonnant de constater que « jamais sans doute, dans l'histoire de l'humanité, l'idéal du corps élancé n'a été aussi fort... et jamais le nombre de personnes échappant à ce modèle n'a été aussi important ». Un paradoxe perturbant quand on y réfléchit bien...

Comment pensent ceux qui stigmatisent les personnes en situation d'obésité ?

L'expertise de ce spécialiste qu'est le Pr Cornet peut nous aider à pénétrer le psychisme des personnes discriminantes, pour comprendre les raisons de leur comportement. Et en fait, c'est plus simple qu'on ne le croit : à l'origine de la discrimination, il y a juste la différence.

Rejeter… pour se rassurer ?

Voir une personne en situation d'obésité peut produire, par comparaison, un effet rassurant : « Je ne suis pas comme lui (ou elle), moi, on m'apprécie pour mon apparence, mon charme et mes qualités de maîtrise et de respect de mon corps, alors que cette personne obèse est regardée pour ce qu'elle n'est pas, ou plus. Elle ne ressemble à rien, se résume à ses kilos. Je ne serai jamais comme elle, jamais… » D'après le Pr Cornet, « ce qui domine dans cette situation est le rejet voire le dégoût face aux personnes en situation d'obésité. On peut même parler de double rupture. On considère en effet à tort que ces personnes souffrent d'une "mollesse" psychique, car elles n'auraient aucune volonté pour contrer leur obésité, alors que c'est tout le contraire, en témoignent les nombreux régimes contraignants qu'elles s'infligent. La seconde rupture est d'ordre esthétique, car elles n'ont rien qui corresponde à un "corps désirable", et aux stéréotypes de l'idéal de minceur. Cela permet aux personnes non obèses de se réassurer face à celles en situation d'obésité : "Elles ne sont pas en bonne santé alors que moi je le suis, et je ne connaîtrai pas cette disqualification de mon corps." C'est comme un fusil à deux coups : le premier concerne l'apparence inesthétique, et le second repose sur une autre croyance selon laquelle "je ne serai jamais comme elles car j'ai un capital volonté dont elles sont dépourvues" ».

Rabaisser… pour se sentir supérieur ?

La personne stigmatisante ne souhaite pas être en situation d'obésité car elle ne veut pas d'un statut si différent des standards, et certains n'hésitent d'ailleurs pas à assimiler les personnes obèses à une condition non humaine. Ne les traite-t-on pas d'ailleurs de « grosse vache », « gros porc », « baleine », comme si elles étaient des animaux, qui mangent sans mesure (« c'est leur ventre qui commande, par leur tête ») ? D'après le Pr Cornet, ce processus d'infériorisation de l'autre, qui apparaît quand on stigmatise un individu, réside dans le fait qu'on le place dans une situation d'être inférieur. Les personnes en situation d'obésité sont jugées inférieures dans leurs capacités intellectuelles, leur esthétique, par leur défaut de volonté, et sont ravalées à un statut d'animal et d'animalité. On considère en effet qu'elles doivent se soumettre aux cadres sociaux que l'on attend d'elles. C'est au prix de cette conformité à des « attendus de comportement » qu'elles peuvent espérer être acceptées… mais il faudrait pour cela cesser de manger de tout et tout le temps, en abondance et dans un processus de gloutonnerie.

La stigmatisation, un processus qui humilie, isole et culpabilise

L'obésité est un stigmate qui peut conduire à différents comportements adaptatifs : les personnes en situation d'obésité peuvent se culpabiliser d'avoir trop mangé au cours de leur existence. Elles peuvent aussi se révolter contre une injustice (« je mange très peu et je grossis »). Elles trouvent parfois refuge dans des échanges communautaires sur la Toile, dans les blogs ou au sein d'associations, afin de rompre avec la solitude et de trouver information et compréhension sur leur situation. Ou enfin, elles peuvent se résigner et s'adapter, en se conformant aux stéréotypes des comportements attendus par les non-obèses. Ce processus adaptatif est intériorisé à l'insu de la personne. Son corollaire, l'infériorisation, va mener à penser : « je suis peut-être considéré et stigmatisé parce que c'est de ma faute »… elles se conformeront à cette situation, qui peut les conduire à donner raison à ceux qui les rejettent.

Des jugements violents

Toute récente puisqu'elle a été publiée en 2023, une étude de Nutrinet-Santé en dit long sur le regard posé par la société d'aujourd'hui sur les personnes en surpoids ou en situation d'obésité[22]. Réalisée d'après un questionnaire auprès de plus de 30 000 personnes, elle a ainsi révélé que la préoccupation vis-à-vis de son poids était excessive pour une majorité d'entre elles (55 %), plus encore pour les femmes (62 % des femmes et 47 % des hommes). L'étude ne dit pas si cette préoccupation est à relier à une volonté de rester en bonne santé ou à un simple critère esthétique, pour mieux se conformer aux images de beauté et de minceur véhiculées dans les médias et les esprits. Si l'antipathie vis-à-vis des personnes obèses semblait – heureusement – faible (9 % des participants, et plus précisément 12 % des hommes et 6 % des femmes), 45 % des personnes interrogées (38 % des femmes et 54 % des hommes) adhéraient à l'idée que l'obésité est due à un manque de volonté. Et si les personnes en situation d'obésité étaient moins nombreuses à le penser, certaines l'avaient néanmoins également intégré. Les chercheurs ont également constaté que plus le niveau d'études était faible, plus les participants adhéraient à cette idée.

Un marqueur social

La personne en situation d'obésité est en rupture avec les codes esthétiques en vigueur. Elle est un « contre-exemple » que les autres ne veulent pas voir. Sa représentation « inesthétique » va à l'encontre des codes actuels du paraître où le corps devient une vitrine, que l'on habille, que l'on tatoue, que l'on corrige et que l'on montre sous tous les angles (en ne lésinant pas sur les filtres « beauté » sur les réseaux sociaux). Philippe Cornet va plus loin : « L'obésité, écrit-il dans sa thèse, est un marqueur social. Après avoir été le signe de l'opulence, elle est aujourd'hui le stigmate du déclassement. Si les populations les plus précaires sont les plus touchées par la fréquence de l'obésité, elles subissent en parallèle une forme de déclassement moral. L'échelle sociale devient l'outil de mesure de classement des individus au regard de leur corpulence pour, dans un deuxième temps, établir une hiérarchie de la distinction. Le "gros" ne relève pas du même traitement selon qu'il est nanti ou impécunieux. S'il existe des individus en obésité dans les classes dirigeantes, ils continuent de bénéficier d'un préjugé ancien lié à l'image de puissance. Il s'opère un processus inconscient de tri dans les représentations mentales. Ceci étant, force est de constater que les classes aisées maintiennent les codes du paraître en exerçant une pression constante pour les imposer, à commencer par celle de la minceur(21) ».

Aujourd'hui : de plus en plus d'obèses, mais toujours autant de discrimination

Avec presque 9 millions de personnes concernées par l'obésité en France(1), on pourrait légitimement penser que les regards changent et s'adoucissent, et que les personnes touchées sont mieux acceptées qu'autrefois. Mais en fait, il n'en est rien ! « Bien que l'obésité soit malheureusement devenue plus courante,

la discrimination n'a pas diminué. Alors que nous comprenons aujourd'hui qu'un environnement obésogène joue un rôle important dans le développement de l'obésité, la perception stéréotypée selon laquelle les personnes souffrant de surpoids et d'obésité sont en quelque sorte responsables de leur poids reste omniprésente[23]. »
Dans notre société, les stéréotypes sont bien ancrés, et il faudra du temps et bien des combats pour en finir avec les discriminations. Ce sera difficile, mais pas désespéré, à force d'information, d'éducation et de prévention. Prenons l'exemple du débat sur le genre qui a déchaîné les passions, mais n'a pas empêché d'ouvrir une brèche et d'accepter que des individus puissent changer de statut sexuel. Sur l'obésité il n'y a justement pas de débat. L'objectif de notre rapport remis au ministère – comme d'autres, dont celui de Martine Laville, professeure émérite de nutrition aux Hospices civils de Lyon, qui a remis en 2023 quarante propositions au ministre de la Santé[24] – est de créer des conditions nouvelles pour mieux refuser l'exclusion et favoriser l'insertion. Nous allons voir au fil des chapitres qui suivent que la discrimination est partout, mais qu'il est possible de changer les choses…

IL NOUS RACONTE

« FACE AUX INSULTES, J'AI PRIS DE LA DISTANCE... MAIS C'ÉTAIT PLUS DIFFICILE QUAND J'AVAIS 20 ANS »

Laurent Ournac, comédien

En 2014, lorsqu'il relate son parcours et son combat contre le surpoids et l'obésité dans un livre, Laurent Ournac se livre comme jamais. *Celui que je rêvais d'être,* publié en 2016 (Flammarion), est prémonitoire de celui qu'il espérait devenir après sa chirurgie bariatrique. Laurent est passé de 142 kg à 85 kg. Un record. Pour le comédien star de *Mon incroyable fiancé* et surtout de *Camping Paradis* créé en 2006 sur TF1, c'est un nouveau départ. Il laisse progressivement derrière lui les kilos de son ancienne vie, les humiliations, les regards moqueurs et la discrimination omniprésente depuis son adolescence.
Retour en 2013 : avec sa future épouse, Ludivine, le couple choisit une destination de rêve, Orlando en Floride. « Nous rêvions tous les deux d'aller découvrir le parc Universal Studios et ses nouvelles attractions. Nous attendions, impatients, notre tour dans la file d'attente. Tout allait très vite, et pour nous, c'était bon signe. La preuve que la journée commençait bien. » Mais une fois installés dans la nacelle de l'attraction choisie par le jeune couple, l'employée du parc constate que le surpoids et le tour de taille de Laurent l'empêchent de respecter les mesures de sécurité et notamment d'attacher la ceinture. « Un regard,

puis l'employée m'a pressé de sortir : "Vous ne pouvez pas rester, monsieur !" a-t-elle crié, en insistant pour que je sorte vite. Dans un mouvement de panique, Ludivine et moi avons quitté notre siège. La femme nous a emmenés dans un couloir attenant. Je lui ai dit dans un anglais maladroit : "Vous m'avez palpé, mais je vous rassure, je n'ai pas d'arme." Elle a fait non de la tête et j'ai senti dans son regard que ce n'était pas ça le problème. Alors j'ai lancé : "C'est parce que je suis trop gros ?" Elle a détourné la tête, m'a regardé à nouveau et a confié qu'"aux États-Unis, on peut se retrouver en procès si on dit que quelqu'un est gros". J'étais trop gros pour faire du manège... au pays des obèses ! Nous avions traversé l'Atlantique pour rien, et mon poids m'empêchait de faire une activité banale pour des milliers de gens. Cette fois, j'ai eu le déclic qui allait me décider à subir l'opération salvatrice. »
Aujourd'hui, pour Laurent, d'autres priorités se sont ajoutées. Entre-temps il est devenu père de deux enfants, qui adorent eux aussi les parcs d'attractions, et il a choisi de vivre dans le sud de la France avec son épouse Ludivine. Depuis son intervention chirurgicale, son changement de look et de physionomie, les projets professionnels se multiplient. Parallèlement au succès de la série *Camping Paradis* où il interprète son rôle historique, il est passé à la réalisation de la série depuis six ans. Il est également monté sur les planches pour une pièce de boulevard, *Espèces menacées.* Il n'a pas fini de nous étonner. Bref Laurent Ournac est un homme comblé.
Mais pas complètement, surtout lorsqu'il se regarde à la télé ou dans un miroir, car ses kilos sont progressivement revenus. « Le corps et l'esprit reprennent la main et on adopte à nouveau de mauvaises habitudes », dit-il, presque résigné car l'obésité est une maladie à vie, il faut être toujours vigilant et surtout suivi par le corps médical. « Ce que je ne fais pas et j'en suis responsable. » Il reconnaît consommer friandises, chocolat et pâte à tartiner réservés à ses enfants et ne guère pratiquer de sport.

Et avec ses 380 000 followers sur son compte Instagram, il est également redevenu une cible malgré sa popularité. « Je reçois des messages agressifs, violents et des insultes inouïes. “Sale gros”, “Gros porc… Tu as encore grossi”… C’est dur à vivre mais aujourd’hui, à 43 ans, j’arrive à prendre de la distance. C’était bien plus difficile quand j’avais 20 ans. »

Chapitre 2

ENFANTS : ÇA COMMENCE (PRESQUE) AU BERCEAU

Presque un enfant européen sur trois, âgé de 7 à 9 ans (31 % des garçons et 28 % des filles), est en surpoids et parmi eux, près de 12 % sont considérés comme étant en situation d'obésité, selon un rapport de l'OMS(25).

En France, ils sont 17 % à souffrir d'obésité entre 2 et 4 ans, 19 % entre 5 et 7 ans, et 6 % entre 8 et 17 ans (essentiellement des garçons) selon l'étude Obépi(1). L'apparition de l'obésité chez les moins de 5 ans est un phénomène récent, qui n'existait pas il y a encore vingt ou trente ans.

L'école, un potentiel lieu de souffrance

Des témoignages glaçants

Alycia, une jeune Lyonnaise de 13 ans, a souffert du harcèlement à cause de son poids dès l'âge de 10 ans, en classe de CM1. « J'avais la boule au ventre quand j'allais à l'école car je savais que j'allais me faire taper [...] je me souviens même m'être donné des coups de poing dans le nez pour saigner et demander à ma mère de ne pas aller en classe. » Des violences qui ont justifié une plainte contre un jeune garçon qu'elle connaissait depuis la maternelle et qui s'est acharné sur elle moralement, l'injuriant quasi quotidiennement (« il me traitait de sale grosse, de sale pute »), mais aussi physiquement, avec des blessures qui ont justifié une interruption temporaire de travail (ITT). Ce harcèlement l'a conduite à s'isoler et parfois même à s'automutiler, comme si elle voulait « en finir ». Sa prise de poids était directement liée à un traitement à base de cortisone pour calmer ses crises d'asthme chronique, dont elle souffre depuis sa naissance. Progressivement, Alycia prend du ventre, situation majorée par l'absence d'activité physique liée à sa pathologie respiratoire qui l'empêche de sortir, et qui la pousse, résignée, à grignoter sans arrêt sur le canapé, selon sa maman Myriam. Aujourd'hui Alycia a changé d'établissement scolaire. Elle séjourne régulièrement dans un centre de soins et de rééducation pédiatrique, Les Écureuils, en Lozère, spécialisé dans la prise en charge de l'obésité, comme il en existe une vingtaine en France, à Palavas près de Montpellier, au centre de La Bourboule en Auvergne ou à Capvern-les-Bains dans les Hautes Pyrénées. Ces structures, agréées par l'Agence régionale de santé, accueillent sur prescription médicale des enfants de 6 à 18 ans pour une prise en charge globale, médicale, diététique, psychologique et sportive. Maya, maman d'Antonin, 9 ans, explique comment son fils, en surpoids depuis son plus jeune âge, a été harcelé par ses camarades, devant le regard parfois amusé des instituteurs. Pendant des mois, l'enfant n'a rien dit, jusqu'au jour où, en pleurs, il demande à sa mère de lui faire un mot d'absence tant sa souffrance est forte. Une souffrance qui s'est prolongée jusqu'à ses 13 ans, quand Antonin, fort d'une taille adulte, a appris à se défendre contre les brimades. « En fait, on ne s'en rend pas compte, mais parfois les enfants font mal et mon fils était traité de "bouboule", de "gros" et autres qualificatifs qu'il a très mal vécus pendant ses débuts dans la scolarité. » Pourquoi les instituteurs ne prennent-ils pas assez en compte ces situations traumatisantes ? « Je crois que les enseignants et encadrants, tout comme le reste de la société, ne voient pas que le surpoids et l'obésité peuvent faire souffrir. » Parfois, cette discrimination est présente dans le cercle familial, induite par les parents eux-mêmes (ce sera l'objet du prochain chapitre), ce qui accentue les difficultés de l'enfant.

Quand les autres blessent... c'est pour longtemps

Combien sont-ils ainsi, très jeunes, à être moqués, raillés et harcelés par leurs camarades de classe, dès l'entrée à l'école ? Combien souffrent en silence de discrimination destructrice, qui se transformera en un véritable traumatisme durable, chez l'enfant comme chez l'adulte qu'il deviendra, et surtout s'il n'a pas pu bénéficier d'un soutien psychologique professionnel pour affronter ces difficultés et l'injustice qui les frappe ?
Les cas d'Alycia ou d'Antonin ne sont malheureusement pas isolés. Au contraire, c'est devenu courant, comme le révèle un récent sondage de grande ampleur réalisé par Odoxa pour La Ligue contre l'obésité sur 12 000 personnes, dont 2 200 enfants(26). Celui-ci montre que 40 % des 8-17 ans en situation de surpoids ou d'obésité subissent ou ont déjà subi des discriminations (c'est quatre fois plus que chez les autres enfants) ; 54 % des jeunes filles de 8 à 17 ans en sont victimes (et 31 % des garçons) et 15 % des 8-9 ans. Cette discrimination est loin d'être exceptionnelle, mais au contraire elle est subie souvent : ainsi, 74 % des personnes discriminées en sont victimes au moins une fois par mois, et 54 % au moins une fois par semaine. Elles la subissent à 50 % dans l'espace public et presque autant (45 %) dans le domaine scolaire ou professionnel.

Harcèlement, comment réagir ?

- Un numéro : 3618 (7 j/7, de 9 h à 23 h).
- Des infos : sur le site education.gouv.fr : « Mon enfant est victime de harcèlement ».
- Le programme Phare de lutte contre le harcèlement à l'école a été généralisé à 100 % des écoles, collèges et lycées depuis la rentrée 2023. Sur le site education.gouv.fr : « Phare : un programme de lutte contre le harcèlement à l'école ».

À savoir
La France a adopté un nouveau règlement[27] qui oblige le harceleur à changer d'établissement scolaire : ce n'est plus à sa victime de devoir le faire.

Pour s'en sortir : prévenir, accompagner et prendre en charge

Les chiffres de l'obésité de l'enfant sont en forte progression. Si de multiples pistes sont envisagées pour expliquer le phénomène (sédentarité croissante et manque d'activité physique, alimentation inadaptée, précarité et pauvreté), certaines initiatives ciblent spécifiquement les enfants et leur famille.

Des expériences nutritionnelles à grande échelle voient le jour, comme celles de l'association « Vivons en forme » (270 villes adhérentes en France) qui accompagne les collectivités territoriales et se concentre sur la prévention de l'obésité infantile. Elle propose des formations sur l'alimentation des 0-3 ans (pour les assistants maternels ou les acteurs en charge de la petite enfance) et sur les bons comportements alimentaires (pour les acteurs éducatifs, animateurs, etc.) ; elle met en place un grand nombre d'outils pédagogiques qui ont déjà permis de toucher environ 600 000 enfants en trente ans, notamment dans le nord de la France, région particulièrement concernée par l'obésité des enfants comme des adultes. Leurs ateliers cherchent à sensibiliser les enfants à la bonne nourriture et au bien manger, en privilégiant l'équilibre alimentaire, et en insistant notamment sur les fruits et légumes de saison. Mais toujours, les encadrants, et notamment les diététiciennes qui animent ces ateliers, insistent sur la notion d'esthétique dans la composition des plats pour valoriser l'alimentation plaisir. Une connaissance que les enfants sont fiers de partager avec leurs parents et proches, dans le cadre d'un échange intergénérationnel utile car certains parents se prêtent au jeu. Une façon de valoriser l'adage populaire « la vérité vient de la bouche des enfants »... et ce qui est bon pour eux l'est également pour leurs parents. L'objectif affiché est de prévenir les conduites à risque et d'installer durablement de bonnes habitudes auprès des enfants en associant le plaisir alimentaire à la lutte contre le surpoids et l'obésité. Une méthode qui a fait ses preuves puisque la baisse du surpoids et de l'obésité a parfois dépassé 40 % en quelques années, y compris dans les villes où le taux de chômage est plus important que la moyenne nationale.

Prévenir

Éduquer dans les cantines scolaires

C'est un sujet d'importance dans la mesure où les cantines scolaires doivent non seulement offrir une alimentation équilibrée mais également profiter à tous les enfants quel que soit leur milieu social. Dans son rapport *Mieux prévenir et prendre en charge l'obésité en France*[24], riche de 40 propositions, la Pre Martine Laville réaffirme l'importance de la restauration pour les six millions d'enfants qui déjeunent chaque jour à la cantine et recommande de « développer une offre de restauration scolaire attractive pour les élèves, notamment dans les quartiers prioritaires de la politique de la Ville, en garantissant : l'accessibilité économique (repas inférieurs à 1 €), l'adaptation des menus aux pratiques cultuelles, et un cadre de repas soigné. « En outre, écrit-elle dans son rapport, pour répondre à la non-fréquentation liée aux pratiques cultuelles et religieuses, également souvent rencontrée dans les quartiers défavorisés, certaines communes, à l'instar de la ville de Mouans-Sartoux dans les Alpes-Maritimes, ont instauré, dès l'école primaire, un dispositif de self-service dans lequel la viande est facultative. Les élèves peuvent choisir le type et la quantité de nourriture qu'ils souhaitent et se resservir, ce qui s'est traduit d'une part par la fin de l'exclusion de certains publics de la cantine, d'autre part par une forte réduction du gaspillage alimentaire. D'autres collectivités, comme la ville de Montpellier, ont opté pour l'offre quotidienne d'une alternative sans viande (poisson, œufs, etc.), contribuant à faire remonter le taux de fréquentation de la cantine scolaire dans les quartiers défavorisés. »

En finir avec la publicité dangereuse

« Céréales, chips, bonbons, glaces, soda, pseudo-fromages... Les enfants sont constamment incités à consommer des produits trop gras, trop sucrés, trop salés, influencés par l'armada de stratégies marketing et publicitaires mise en place par l'industrie agroalimentaire pour vendre toujours plus. Du matin au soir, les enfants baignent dans un environnement obésogène qui les encourage à préférer des aliments mauvais pour leur santé. Ce matraquage quotidien sape les efforts d'éducation des parents tandis que les plus jeunes, séduits, développent des préférences alimentaires catastrophiques pour leur santé », explique un article de septembre 2023[28] publié sur le site de Foodwatch, organisation à but non lucratif qui se bat pour une alimentation sans risques, saine et abordable pour tous et toutes. « Les industriels ont bien compris la manne financière que représentent les jeunes consommateurs et consommatrices : une influence importante sur les choix d'achat de leur foyer, une incapacité à distinguer un contenu informatif d'un contenu publicitaire, des produits alimentaires ancrés dans leurs habitudes alimentaires et une utilisation toujours plus grande des écrans, loin de la vigilance de leurs parents. Les géants de la malbouffe ont musclé leurs stratégies publicitaires invasives : des mascottes rigolotes à la télévision, le quotidien des plus jeunes est aujourd'hui envahi de partenariats avec des influenceurs et leurs stars préférées, de placements de produits sur les réseaux sociaux, d'*advergames* – jeux vidéo qui font la promotion d'une marque – et autres

publicités. » L'association a ainsi passé au crible 228 produits commercialisés pour les enfants par les principaux industriels (McDonald's, Nestlé, Danone, Mondelez, Burger King, Lindt...). « Sur ces 228 produits, lorsqu'on se réfère aux critères nutritionnels de l'Organisation mondiale de la santé, seuls... dix peuvent être promus auprès des enfants. Tous les autres sont totalement hors des clous au niveau nutritionnel ! » L'enquête menée est édifiante, et révèle combien il y a urgence d'encadrer strictement ces pratiques de marketing agressif qui détruisent la santé des plus jeunes...
La P^re^ Laville recommande, elle aussi, dans le cadre de la prévention primaire, notamment sur l'environnement alimentaire des enfants, d'interdire les publicités télévisées pour les produits de mauvaise qualité nutritionnelle durant les plages horaires visionnées par un grand nombre d'enfants et d'adolescents (comme c'est déjà le cas au Royaume-Uni ou en Corée du Sud) et de développer une politique active en faveur du « bien manger » sur Internet et les réseaux sociaux. Effectivement, la télévision est en première ligne, mais il importe d'aller plus loin (en s'intéressant notamment aux réseaux sociaux), de ne plus se contenter de messages sanitaires incitant à des comportements sains en s'imaginant que l'industrie agroalimentaire va d'elle-même adopter une attitude responsable, et d'encadrer tous les autres procédés marketing qui prennent nos enfants en otage.

Favoriser l'activité physique quotidienne

Souhaité par le président de la République Emmanuel Macron, le programme « Trente minutes d'activité physique quotidienne » (en plus des cours classiques d'EPS) est proposé dans les établissements scolaires primaires dès septembre 2020 et a pris une ampleur nationale avec la perspective des Jeux olympiques Paris 2024. Le but est de favoriser une activité régulière dès le plus jeune âge et d'inciter les élèves du primaire à adhérer aux valeurs sportives, avec le double objectif d'aider très tôt les enfants à apprécier l'activité physique et de permettre une meilleure prévention des situations à risque, comme le surpoids et l'obésité. Il s'agit de lutter contre le tsunami de l'inactivité physique et de la sédentarité des plus jeunes. Comme le précise le Pr François Carré, cardiologue du sport, lauréat du prix Jean-Bernard en 2022 et président du collectif « Pour une France en forme », à l'origine de cette proposition, « cette activité montre qu'elle permet une bonne attention en classe, de meilleurs résultats scolaires, moins d'agressivité entre enfants mais elle offre également, et des études britanniques le confirment, une prévention de la prise de poids avec une diminution du tour de taille et de masse grasse des enfants en situation d'obésité ».

Accompagner et prendre en charge précocement

Plusieurs structures offrent aujourd'hui un suivi aux enfants en surpoids. Elles accompagnent en douceur, sur la durée, et apportent aux familles les informations et conseils qui leur manquent trop souvent. Il est important d'en faire la promotion auprès de tous, pour ne pas laisser la situation se détériorer. Selon le type de soins, leur intensité et leur durée, une prescription médicale sera parfois nécessaire.

Dans les réseaux RéPPOP (voir page suivante), la prescription médicale n'est pas nécessaire. « Nous souhaitons rendre l'accès à notre structure le plus ouvert possible », insiste la Dre Camille Canaple du RéPPOP de Lyon qui accueille 350 nouveaux patients chaque année. « Si le patient est adressé par un médecin, celui-ci peut rédiger un courrier mais ce n'est pas une obligation. » Ce réseau est en relation avec des relais, éducateurs sociaux ou médiateurs santé pour convaincre les familles de consulter. Pour d'autres établissements où les enfants sont admis pendant des mois et qui mènent une scolarité en parallèle grâce à une convention avec l'Éducation nationale, la prise en charge s'appuie sur une prescription médicale et un courrier circonstancié du médecin traitant. « Nous proposons, explique Alain Nogaret, directeur du pôle sanitaire du centre de soins médicaux et de réadaptation (SMR) d'Antrenas en Lozère, que le médecin traitant de l'enfant remplisse un dossier complet sur le plan médical et que le jeune candidat à un séjour chez nous rédige une lettre de motivation pour son admission dans le centre. »

LE RéPPOP

La création en 2003 des réseaux de prévention et de prise en charge de l'obésité pédiatrique (RéPPOP)[3] permet la prise en charge des enfants (de 0 à 17 ans) en surpoids. Le RéPPOP coordonne le médecin habituel de l'enfant avec un réseau de professionnels (diététicien, psychologue, kinésithérapeute, enseignant d'activité physique adaptée [APA], infirmière) et la prise en charge dure deux ans. L'objectif est de changer durablement les habitudes de vie en matière d'alimentation, d'activité physique et de sédentarité mais aussi d'être écouté et soutenu.

Cela se fait dans la douceur et le respect. Les diététiciennes du réseau RéPPOP de Savoie, Marie Druart et Cosima Strub, refusent par exemple d'utiliser les mots « régime » ou l'interdiction de certains aliments sucrés. Le travail mené par les diététiciennes consistera à réapprendre, quand cela est nécessaire, à l'enfant à écouter ses sensations alimentaires sans jamais lui donner de régime. Dans une alimentation équilibrée tout est permis, même les aliments industriels, trop gras, trop sucrés ou trop salés. Il est essentiel d'apporter aux enfants un cadre d'alimentation serein : des repas variés et équilibrés pour le rassasiement, des temps de repas calme (sans écran, dans un environnement agréable, en famille si possible, etc.) pour lui

3. Pour en savoir plus : http://www.cnreppop.com/

permettre de se concentrer sur ses sensations alimentaires et de manger alors à sa juste faim (c'est l'enfant seul qui doit être capable de choisir sa portion et non son parent).

Mission : retrouve ton cap

C'est un des objectifs affichés des Programmes nationaux nutrition santé (PNNS) successifs : promouvoir des expérimentations contre l'obésité de l'enfant et de l'adolescent. C'est le cas avec le dispositif de l'Assurance Maladie « Mission : retrouve ton cap »[4] de prise en charge à destination des enfants de 3 à 12 ans en surpoids, obésité ou risque d'obésité. Ce dispositif a été expérimenté en Seine-Saint-Denis, dans l'ancienne région Nord-Pas-de-Calais et à la Réunion auprès de plus de 2 000 enfants avant d'être progressivement généralisé en 2023 au territoire national. Il permet aux enfants de 3 à 12 ans à risque d'obésité ou de surpoids de bénéficier, sur prescription médicale, d'une prise en charge précoce, pluridisciplinaire – diététique, psychologique, activité physique – remboursée à 100 % par l'Assurance Maladie sans avance de frais par la famille ni dépassement d'honoraire. La prise en charge se fait au sein de centres de santé ou de maisons de santé référencées.

L'évaluation a mis en évidence des évolutions positives de la corpulence, ainsi que des changements des habitudes de vie : 52 % des enfants ont vu leur situation s'améliorer et une immense majorité a changé au moins une habitude de vie ; par exemple, 55 % des enfants mangent moins souvent entre les quatre principaux repas, 43 % mangent plus souvent des fruits et des légumes, 44 % prennent moins souvent des boissons sucrées à l'occasion des repas.

4. Pour en savoir plus : consulter sur le site Ameli.fr la fiche consacrée au programme « Mission : retrouve ton cap » dans le dossier « Prévention du surpoids et de l'obésité infantile ».

Proxob

L'État a souhaité valoriser des actions ou programmes innovants en matière de santé à travers l'article 51 de la loi de financement de la Sécurité sociale pour 2018. Parmi les 144 projets innovants retenus, le programme Proxob[5] (raccourci des mots « proximité » et « obésité ») contre l'obésité pédiatrique met en jeu une équipe mobile pluridisciplinaire (diététicienne, psychologue spécialisé dans la parentalité, éducateur physique adapté) se déplaçant au domicile pour proposer des ateliers ludiques qui s'appuient réellement sur les habitudes des familles dont un membre mineur est en surpoids ou en obésité, et un suivi motivationnel. En Auvergne, un programme Proxob sur vingt-quatre mois a convaincu plusieurs centaines de familles, satisfaites de l'expérience qui a profité aux enfants tout comme aux parents en surpoids, et qui s'est traduite par une stabilisation du poids de l'enfant mais aussi une autre façon d'appréhender la nourriture et l'activité physique. Élodie Védrine, coordinatrice Proxob du Puy-de-Dôme, insiste sur l'objectif du programme : « Il faut s'adapter et prendre le temps avec la famille pour choisir ensemble des modifications simples, réalistes et durables dans le domaine de l'alimentation, l'activité physique, le sommeil, les émotions et la communication. »

Les DROM oubliés

Dans son rapport Mieux prévenir et prendre en charge l'obésité en France[(24)], remis en avril 2023 au ministre de la Santé, Martine Laville, professeure de nutrition aux Hospices civils de Lyon, dénonce la situation de pauvreté des départements et régions d'outre-mer (DROM) en matière de prise en charge de l'obésité, dans lesquels elle recommande d'investir

5. Pour en savoir plus : http://www.caloris.fr/proxob/

prioritairement. « Ils cumulent, écrit-elle, tous les obstacles à une bonne santé décrits pour la métropole. Ceci conduit à une situation sanitaire très dégradée, avec une forte prévalence d'obésité entraînant d'importantes complications, comme le diabète, le syndrome métabolique, l'hypertension artérielle, l'insuffisance rénale chronique, les maladies coronariennes et les accidents vasculaires cérébraux. » Une situation confirmée sur le terrain par les associations comme « Association Antilles Guyane de lutte contre l'obésité, le surpoids et la sédentarité chez l'enfant » (Agosse), présidée par Marie-Élise Sextuis. La prise en charge des enfants en matière d'obésité est catastrophique et avoisine le néant. Résultat, les jeunes enfants en situation d'obésité sont parfois contraints de quitter leurs familles pour être suivis en métropole. On est loin du principe du libre et égal accès aux soins pour tous, cher au modèle français.

Et maintenant ?

Agir pour les plus jeunes est une priorité

Aujourd'hui, il faut aller plus loin : il est nécessaire de repérer les familles dans lesquelles l'enfant est à risque de situation d'obésité, et de leur proposer un égal accès aux soins et à tous les spécialistes de l'obésité pédiatrique, surtout pour les familles les plus défavorisées. Il existe quantité de structures et d'expériences de prévention et d'accompagnement en France. Même si elles sont indispensables, effectuent un travail remarquable, et sont reconnues par la communauté médicale et éducative, on a le sentiment qu'elles ne sont pas assez connues de la population et surtout qu'il manque un pilote dans l'avion. Un pilotage national permettrait, à coup sûr, encore plus d'efficacité. C'est l'avis de tous les spécialistes de la maladie, comme les professeurs Martine Laville ou Daniel Nizri, président de la Ligue contre le cancer.

Former les spécialistes de l'enfance et de l'adolescence

Il est fondamental que toutes les équipes éducatives – instituteur, enseignant, médecin scolaire, surveillant, cantinière, éducateur sportif – en contact direct avec les jeunes soient réellement formées afin d'éviter les erreurs et les réflexions maladroites et stigmatisantes, qui culpabilisent les enfants aussi bien à la cantine que dans les cours de sport ou la cour de récréation. Dans chaque spécialité, il convient de favoriser la formation continue et une sensibilisation à la situation des enfants ou adolescents atteints de surpoids ou d'obésité. Concernant les professeurs d'éducation physique, il faut qu'ils prennent davantage en compte le ressenti d'enfants en situation d'obésité moqués par les camarades dans une activité sportive comme la piscine. Une priorité qui peut reposer sur des cours d'éducation physique adaptés à ces jeunes élèves.

Favoriser l'inclusion et la bienveillance

Les cours d'empathie, comme il en existe au Danemark (la discipline, à raison d'une heure par semaine, est inscrite dans le programme officiel depuis 1993 pour tous les élèves de 6 à 16 ans), sont une méthode qui a permis de faire chuter le taux de harcèlement scolaire dans ce pays scandinave. En France, ces cours ont débuté dans 1 000 écoles le 1er janvier 2024, avant d'être généralisés à toutes les écoles à la rentrée suivante. Ce temps scolaire dédié a pour mission d'apprendre aux enfants à respecter les différences et à prôner une culture de l'apaisement lorsqu'il y a des conflits à l'école. Une initiative saluée par les associations de parents d'élèves qui participera à une meilleure prise en compte des différences et à une prévention des discriminations, dont l'obésité. Aujourd'hui et de plus en plus, il faut lutter contre le harcèlement et la maltraitance à l'école.

IL NOUS RACONTE

« LE SEUL GROS DE LA FAMILLE »

Magloire, animateur et réalisateur TV

Magloire a deux visages, avant d'être l'homme de télé et de showbiz que l'on connaît.
Côté face, il est joyeux, curieux et plein de projets. Une force de vie communicante. Mais côté pile, il est autre. Depuis qu'il est petit il se bat contre les kilos, contre les moqueries et la discrimination. « On ne m'a jamais traité de Noir ou d'homosexuel mais souvent de gros. La stigmatisation des personnes en situation d'obésité est insupportable et je ne la supporte pas. » Comme beaucoup de ses semblables, il lutte contre son poids qui a atteint près de 200 kg en 2014, résultat d'un parcours chaotique.
Magloire, franco-togolais, est un enfant adopté qui a vécu à Saint-Céré, petite commune du Lot, près de Cahors. Il a hérité du patrimoine familial de sa mère togolaise, qu'il voit toujours, et qui souffrait, elle aussi, d'obésité. Dans sa famille d'adoption, c'est tout le contraire. Sa mère Raphaëlle Delcroix-Varaud, qui l'a recueilli alors qu'il n'avait que 7 ans, est une danseuse classique élancée et toujours dans la maîtrise du corps. « J'ai fait de la danse classique sur ses conseils, pour être mince comme elle. » Difficile de ressembler aux autres et à ses proches, surtout lorsqu'on a une tendance aux fringales et aux formes généreuses qui s'installent durablement. Il sera gros et souffrira d'un rapport au corps difficile à supporter. « Dès que j'avais des soucis ou un stress, je prenais du poids. Très vite on m'emmène chez des médecins que ma mère, devenue psychomotricienne,

fréquente. » Il subit les moqueries, insultes et regards blessants de ses camarades du collège. « Je me souviens qu'à la cantine du catéchisme de Cahors, on me refusait de la purée avec du jus de viande à cause de mon poids, et que le médecin généraliste me conseille d'arrêter le pain sur la confiture (sic !) », se souvient-il avec émotion.

Rien n'y fait. Malgré les régimes, les consultations médicales, Magloire prend du poids, et sa vie est en danger. Entre-temps, il quitte son Lot d'adoption pour la capitale où il travaille dans la mode. Un monde à part où la minceur, pour ne pas dire la maigreur, est la règle à cette époque. À la TV, dans l'émission *Morning Live* sur M6, avec Michaël Youn qui l'a souvent soutenu, l'escalade continue. « C'était un rythme de folie, avec un lever quotidien à 4 heures et une frénésie alimentaire, jusqu'à atteindre les 120 kg. » Mais quand je fais mes bilans sanguins, mes analyses sont nickel », dit-il amusé, lui qui souhaite à 53 ans perdre du poids pour atteindre son poids de forme, 100 kg, mais qui a effectué un vrai travail sur lui-même pour mieux comprendre la pression infligée par une mère pourtant aimante, et mieux agir sur sa vie. Aujourd'hui l'artiste à l'énergie débordante anime une émission hebdomadaire sur TV5 Monde, *Rassemblance*, dans laquelle il parcourt le monde et réalise des portraits d'anonymes aux trajectoires exemplaires. Sans oublier une des créations dont il est le plus fier : *Grossophobia*, un film qu'il a réalisé en 2019 avec des jeunes de la commune de Tarnos (Landes). Comme son nom l'indique, ce court-métrage de fiction dénonce la discrimination et la grossophobie en suivant le parcours d'une jeune fille harcelée à cause de son poids. Une aventure humaine au service des différences et de leur inclusion qui court aujourd'hui encore les festivals à l'étranger et en France, après ceux de Cannes ou de Paris.

Chapitre 3

FAMILLE : QUAND ELLE BLESSE OU MET LA PRESSION

La famille, un espace pas toujours bienveillant

Des enjeux sociaux inconscients

Dans son livre *Grossophobie : sociologie d'une discrimination invisible* (2021, Éd. de la Maison des sciences de l'homme), la sociologue Solenne Carof aborde la question de la discrimination familiale et confirme, corroborant de nombreuses études comme celle intitulée « Obesity stigma : Important Considerations for Public Health », que la famille est un des premiers espaces de stigmatisation. « Grandir dans une famille dans laquelle son poids est sans cesse critiqué et dévalorisé, c'est apprendre à intérioriser ce dégoût, cette honte, cette haine de soi », écrit cette spécialiste. « Les insultes de la part de la fratrie ou de la famille élargie renforcent bien souvent l'injonction parentale à perdre du poids. La famille est ainsi un espace de socialisation des enfants à des normes alimentaires, esthétiques et pondérales, qui vont façonner leurs expériences quotidiennes et leurs représentations subjectives corporelles futures. La valorisation de la minceur étant plus importante dans les milieux sociaux les plus aisés et éduqués, l'enfant gros aura plus de risques d'y être stigmatisé », précise Solenne Carof. « Dans les milieux moins favorisés, le corps de l'enfant gros peut cependant devenir un enjeu important pour des parents ayant une démarche d'ascension sociale, ou qui le souhaitent pour leur enfant. Le processus de stigmatisation peut également s'expliquer par le désir de garder la face socialement, quel que soit le milieu social, l'apparence physique de l'enfant étant l'objet de toutes les attentions familiales. L'injonction à ne pas grossir et son corollaire, la norme de minceur, conduisent ainsi des fillettes très jeunes à être mises au régime dès l'âge de 5-6 ans. Parfois, la corpulence de leurs enfants rappelle aux parents la violence qu'ils ont subie dans leur jeunesse, ce qui peut les conduire à contrôler leur poids par anticipation des réactions d'autrui. »

Dans les faits, ce comportement familial a lieu presque quotidiennement. On va exercer une pression sur l'enfant par rapport à ses frères ou ses sœurs en lui conseillant de manger moins de frites ou moins de sucreries et en invoquant qu'on se soucie de sa santé alors que l'enfant comprend parfaitement que ce sont ses rondeurs et son surpoids qu'on vise, maquillé par des arguments pro-santé. L'enfant n'est pas dupe et mesure très vite qu'il est différent des autres à cause de son poids.

Des parents qui pensent souvent bien faire...

S'il a ou a eu lui-même des problèmes de poids et en a souffert, aucun parent ne souhaite que ses enfants revivent les mêmes difficultés. Mais trop les surveiller, les priver, et faire de leur courbe pondérale ou de l'équilibre alimentaire une obsession quotidienne peut vite se révéler non seulement contre-productif, mais aussi délétère... Comme le montre l'exemple de Christelle, 35 ans et maman « vigilante »... trop ?

« Je surveille mes filles comme le lait sur le feu »
Tout a commencé pour Christelle vers 14 ans, avec une phobie scolaire et son cortège de symptômes, comme les angoisses ou les convulsions qui l'empêchent de suivre une scolarité normale et même de retourner l'école. Avant de trouver une activité professionnelle qui lui convient et la valorise, Christelle reste à la maison avec une déprime majeure et des kilos qui s'accumulent, au grand dam de ses parents. À 16 ans, elle atteint 110 kg. Médecins, diététiciennes, tout l'arsenal thérapeutique anti-obésité est mis en place, et c'est également à ce stade qu'on découvre qu'elle appartient à une famille dite « à risque génétique ». Elle a hérité du patrimoine familial, notamment du côté de son père. L'obésité de sa grand-mère est confirmée ainsi que celle de sa sœur aînée. Un déterminisme qui explique que les traitements soient parfois inefficaces, ce qui l'oblige à se tourner vers une solution radicale. Elle subit à trois reprises une chirurgie avec la pose d'un anneau gastrique, une réduction de l'estomac et un by-pass gastrique. Aujourd'hui elle est heureuse : sa balance affiche moins de 90 kg, et elle a bénéficié d'une chirurgie réparatrice et reconstructrice du ventre pour supprimer la peau excédentaire laissée par sa perte de poids. Compte tenu du patrimoine génétique, elle mesure que ses filles peuvent être touchées à leur tour. C'est pour cette raison qu'elle scrute, « comme le lait sur le feu », leur courbe de poids et, à la moindre déviation, elle et son mari « réagissent immédiatement ». « Nous sommes vigilants mais nous refusons de mettre la pression sur nos enfants qu'on laisse grandir normalement, et en leur expliquant les choses en termes d'alimentation. Pour Halloween ou à Pâques, pas d'interdits sur les bonbons ni les chocolats mais toujours avec modération. Je pars du principe qu'avec le peu de sucreries qu'elles prennent, ce ne sont pas ces situations exceptionnelles qui les feront grossir. En revanche je contrôle

le repas, les quantités et les heures des goûters qui doivent être pris à 16 heures et pas à 14 heures. Je leur ai dit de faire attention et surtout de ne pas faire de régimes et de ne pas chercher à maigrir. Pas de pression mais une surveillance. Dès qu'on impose des interdits aux enfants sur la nourriture et les sucreries, les choses dérapent, et cela a été mon cas. »

Mais tous les parents en situation d'obésité (ou pas) ne réagissent pas de la sorte et peuvent exercer, sans même s'en rendre compte, une forte pression et un contrôle alimentaire sur leur progéniture. Ce comportement fréquent, qui part « d'une bonne intention », peut sembler à la fois légitime et compréhensible, si on en croit les médecins en charge de l'obésité de l'enfant. Mais en réalité, aucune étude épidémiologique n'a étayé les bénéfices d'une telle surveillance, voire pression, chez des enfants de parents en situation d'obésité, pour leur éviter le surpoids. Pire, « c'est une mauvaise méthode d'exercer une pression sur les enfants sous prétexte de les protéger de l'obésité et du surpoids », affirme le Pr Patrick Tounian, spécialiste de la nutrition pédiatrique et de l'obésité de l'enfant à l'hôpital Trousseau de Paris. « Il faut que les parents en situation d'obésité fassent appel à des professionnels pour les aider, afin qu'ils transfèrent leurs angoisses sur ces spécialistes et évitent ainsi de devenir trop directifs sur les enfants, car cela peut les traumatiser », estime cet éminent spécialiste qui voit défiler des milliers d'enfants et de parents dans sa consultation.

Et maintenant ?

Informer et contrôler l'industrie alimentaire

L'information (complète, transparente et honnête !) sur l'alimentation et ses transformations est un levier, et il faut obliger, entre autres, l'industrie agroalimentaire à donner des informations sur les produits qu'elle fabrique et met en vente à grand renfort de publicité et de marketing. Nous avons vu apparaître le Nutri-Score, qui permet au consommateur de faire le tri entre différents aliments d'une même catégorie, pour faire des choix plus raisonnables. Celui-ci doit maintenant être rendu obligatoire par la Commission européenne ! Grâce au président Emmanuel Macron, nous travaillons depuis des mois sur la SNANC (Stratégie nationale pour l'alimentation, la nutrition et le climat) qui sera, nous sommes certains, un projet fondamental pour protéger notre population.

Le silence de l'ANIA

L'Association nationale des industries alimentaires (ANIA) représente les industriels de l'agroalimentaire (actuellement très sollicités par les autorités pour participer à des baisses de prix sur les produits alimentaires). L'association n'a pas répondu à nos demandes répétées d'entretiens et, manifestement, ne souhaite pas échanger sur différents « points sensibles », comme la réduction du taux de sucre dans les aliments, l'intérêt du Nutri-Score, ou les effets de l'alimentation ultratransformée, largement distribuée en France et dont tous les spécialistes confirment les effets pervers sur la santé, le surpoids, l'obésité et même le cancer.

« JE NE T'AI PAS FAITE GROSSE »

Marianne James, comédienne

Nous sommes, en plein été, dans les années 2000. Marianne James, qui a déjà une certaine notoriété, passe du bon temps, lors d'un déjeuner avec ses parents, loin du tumulte parisien, dans la région des Baux-de-Provence. Une femme au look et au fort accent de « cagole », accompagnée de sa fille, manifestement en surpoids et âgée d'environ 16 ans, la reconnaît et l'interpelle sans détour et sans gêne : « Dites, je vous parle, lui lance-t-elle... Grosse comme vous êtes, comment vous faites pour travailler à la télé ? car ma fille, on ne lui trouve rien ! »

Autre situation, presque d'un autre temps, comme la précédente. Elle est invitée en 2008 aux *Grosses Têtes* de Philippe Bouvard avec d'autres personnalités comme Pierre Bellemare, Jean Yann et Bernard Mabille. Juste avant d'entrer sur le plateau, dans la loge des artistes, une assistante offre à chacun des gourmandises dont Marianne raffole. « Un chirurgien de l'obésité également invité me saisit brutalement la main lorsque je choisis une des friandises en me disant de façon péremptoire : "Vous n'avez pas besoin de ce pain au chocolat" et m'humilie devant tout le monde. »

Enfin, et c'est peut-être le souvenir le plus douloureux lorsque sa mère, qui voulait une fille mince comme son aînée, dans un moment d'égarement et de fragilité après le décès de son mari, lui lance : « Je ne t'ai pas faite grosse... »

Et pourtant. Cette artiste aux multiples facettes, auteure, interprète, comédienne, chanteuse lyrique en tournée actuellement pour son formidable spectacle « Tout est dans la voix », qui annonce son autobiographie pour 2025 et sa présence dans les émissions de télé comme *La France a un incroyable talent,* a toujours su se relever de ces humiliations et remettre chacun à sa place. Dans la famille Gandolfi, son nom de naissance, les femmes sont toutes des battantes et cet atout lui a permis d'assumer son poids de 130 kg pour 1,80 m, ses formes, son franc-parler et ainsi d'aider des personnes en situation d'obésité qui souffrent en silence. Marianne au grand cœur.

Comme c'est parfois le cas chez les jeunes filles, tout a commencé dès 14-15 ans lors de ses premiers cycles menstruels. Marianne, qui appartient à une famille de pâtissiers de Montélimar, est très sportive, basket, natation. Mais ses activités physiques ne l'empêchent pas de prendre du poids, vite et beaucoup. « Mon visage, mes seins, mon corps ont changé brutalement, se souvient Marianne, pour atteindre 72 kg, 1,75 m, et un bonnet D. Le regard des hommes a également changé et ils ne me regardent plus dans les yeux lorsqu'ils me parlent. » Mais derrière l'anecdote et le sourire, Marianne a le souvenir d'une période difficile, très difficile. « Je suis très vite complexée et lorsque je vais à la piscine, j'évite le regard des copines et je rentre le ventre. J'ai le souvenir que personne au sein de la famille n'aborde la question, par honte. C'est un sujet tabou et pourtant j'attendais de mes proches une aide, un soutien, des conseils. Rien et personne, pas même mon médecin de famille. »

Dès lors, c'est elle qui va se prendre en main. « La spirale des régimes va commencer, sans résultats pérennes. Au contraire. Montignac, Dukan et tous les autres. Comme toujours, ça marche au début et ensuite l'effet yoyo fait le reste pour atteindre 100 kg à 25 ans .» C'est une période douloureuse car à chaque régime, la perte de poids est éphémère mais l'addition est salée avec 10 %, 30 %, voire 60 % de mon poids en plus. »

Un événement dramatique et douloureux va tout changer dans le parcours et l'acceptation de son obésité. Lors d'un énième régime et un chagrin d'amour, elle sombre dans une dépression profonde et doit être hospitalisée pendant six semaines. Bizarrement, c'est le début de sa renaissance. Avec les soins, elle commence une thérapie salvatrice avec deux soignants, un psychiatre et un psychologue, qui s'étalera sur deux ans.

Une nouvelle Marianne est née qui s'accepte comme elle est. « Selon moi, l'acceptation de soi, et de s'aimer tel qu'on est, devient la solution et le meilleur traitement », insiste-t-elle.

Elle va même, pour aider ses semblables, dessiner des collections de vêtements pour la Redoute avec des tailles de 42 à 62, car aujourd'hui il reste difficile, voire impossible, de s'habiller sexy et varié lorsqu'on pèse plus de 100 kg. Cette collection est aussi (et on reconnaît bien son côté rentre-dedans) une façon de répondre au célèbre créateur Karl Lagerfeld, un ancien obèse, de la maison Chanel qui disait : « Au-delà de la taille 38, je ne peux pas habiller une femme. » Qui s'y frotte s'y pique.

« J'ai arrêté de me torturer avec les régimes que je recommande de ne jamais commencer, tout a changé dans ma vie, et l'obésité est devenue mon porte-drapeau. J'ai choisi de m'aimer telle que je suis. C'est ce que je conseille à toutes les personnes en situation de surpoids ou d'obésité. » Son souhait est de ne jamais atteindre la barre des 150 kg, de refuser la chirurgie et de garder des analyses « clean ». Pas de cholestérol, pas de tension et des artères parfaites. Mais son rêve le plus présent, c'est qu'on en finisse avec cette grossophobie toxique. « Nous ne sommes pas des êtres fainéants et sans volonté. Arrêtons avec les idées reçues ringardes sur les obèses, insiste-t-elle. Je suis propre, je sens bon, je monte quatre étages avec 130 kg sur le dos et je me trouve belle. »

ELLE NOUS RACONTE

« Des entretiens d'embauche qui sont des séances d'humiliation »

Anne-Sophie Joly

« L'entreprise est, à mon sens, l'endroit où la discrimination s'exprime de façon individuelle mais aussi collective. Combien de témoignages rageurs ai-je entendus venant de femmes victimes de cette grossophobie insupportable, de la part de leurs employeurs et de leurs collègues ? Non seulement on se moque de nos kilos, de notre look et de notre personne mais en prime, on s'appuie sur nos formes pour nous juger, arbitrairement : notre professionnalisme, notre compétence, notre rigueur. Une situation terriblement injuste qui nous oblige souvent à être deux fois plus efficaces, juste pour prouver qu'on n'est pas ce qu'ils croient. Une double peine blessante et ravageuse.

Il y a quelques années, je réponds à une proposition d'emploi, et transmets mon CV pour candidater à un poste d'architecte d'intérieur. On me contacte immédiatement pour un entretien, preuve que ma candidature est perçue comme très intéressante (je suis diplômée avec une spécialité en monuments historiques). La personne des Relations humaines avec laquelle j'échange au téléphone propose même de se déplacer et de me rencontrer juste en bas de chez moi. J'ai la sensation d'être la perle rare ! Mais… je vois son regard se figer lorsqu'elle me voit débarquer devant elle. Elle se décompose littéralement, et sa mâchoire se décroche au fur et à mesure que j'avance vers elle. Pas difficile de réaliser que je ne ferai clairement pas l'affaire. En plus d'une

architecte d'intérieur, il lui fallait peut-être un mannequin ? Même situation alors que je fais acte de candidature pour un job alimentaire comme caissière dans un Monoprix parisien : aussi incroyable que ça puisse paraître, on me demande même si je sais lire et écrire ! je n'invente rien... quelle humiliation ! Au lieu de se focaliser sur mon poids, il suffit pourtant de jeter un coup d'œil sur mon CV pour évaluer objectivement mon parcours : j'ai fait huit ans d'études ! Qu'importe, études ou pas, la personne qui me reçoit m'affirme que je "n'ai pas le profil Monoprix" ! Au-delà de cette réponse qui pourrait figurer dans le livre des records de la bêtise humaine, je mesure surtout les préjugés que provoque mon surpoids : fainéante ? incapable ? les deux ? J'imagine aisément ses petites pensées nauséabondes : "Comment peut-on être si gros, se laisser aller à ce point, perdre le contrôle face à la nourriture, ne pas faire de sport... Ce n'est pourtant pas si difficile de faire attention à soi !"
À ces recruteurs obnubilés par le poids, j'ai envie de dire : Vous êtes-vous seulement posé la bonne question ? "Que s'est-il passé ? Est-ce un choix de vie ? Puis-je aider d'une façon ou d'une autre ?" Face à un ou une collègue en situation d'obésité, avez-vous un jour juste pensé : "Cela ne change rien pour moi, j'aime être en sa compagnie, travailler avec lui ou elle, j'apprécie ses compétences" ?
Pour avancer et prendre ma place, j'ai dû faire cinq fois plus que les autres dans tous les domaines, supporter et encaisser des humiliations, des rejets, des doutes, des violences. À ceux qui croient ou disent encore que les personnes souffrant d'obésité sont des fainéants, je vous invite à vivre notre vie et... on verra après ! »

Chapitre 4

MONDE DU TRAVAIL, TON UNIVERS IMPITOYABLE

Être en situation d'obésité et travailler, une perte de chances. Idée reçue ou préjugé ?

Hélas, cela n'a rien d'une idée reçue. Si les études ne sont pas très nombreuses, elles révèlent clairement que le surpoids n'est pas apprécié par les recruteurs. Ainsi, selon une étude de l'Insee de 2016, « à niveau équivalent de compétences, les femmes obèses ont moins souvent un emploi que celles qui ne le sont pas (7 points de probabilité en moins d'avoir un emploi). Au contraire, chez les hommes, un indice de masse corporelle plus élevé est associé à une probabilité légèrement plus élevée d'avoir un emploi[(29)] », comme si la corpulence masculine produisait un effet d'assurance et de solidité... contrairement à celle des femmes.
Le baromètre réalisé pour le Défenseur des droits et l'Organisation mondiale du travail (OIT) arrive à la même conclusion : il signale que « les femmes obèses rapportaient huit fois plus souvent que les femmes à l'IMC normal avoir été discriminées à cause de leur apparence physique. Les hommes obèses le déclaraient trois fois plus que les hommes de poids "normal" ».
Un tiers des chômeurs obèses indiquent avoir été confrontés à des questionnements liés à leur corpulence. Le pire ? 45 % des

demandeurs d'emploi estiment qu'il est acceptable de refuser un emploi à quelqu'un du fait de sa corpulence ![30]
La preuve par l'expérience ? En 2005, le sociologue Jean-François Amadieu, professeur à l'université Paris I – Panthéon-Sorbonne et directeur de l'Observatoire des discriminations, s'intéressait déjà au sujet. Sur le site du CIDJ (Centre d'information et de documentation Jeunesse) il expliquait en 2021 : « Plusieurs études ont déjà été menées sur le sujet. Avec mon équipe, nous avons fait des tests en envoyant des CV avec photos. Les résultats sont variables selon le type d'emploi et s'il est en contact avec la clientèle. Par exemple, dans la restauration rapide, un candidat mince a trois fois plus de chance d'être embauché qu'un candidat en surpoids. À compétences égales, pour un poste dans l'accueil, une candidate en surpoids a six fois moins de chance. Les principales victimes de ces discriminations sont les femmes. L'apparence physique va également avoir une influence sur l'évolution de la carrière et sur le salaire, créant ainsi des écarts équivalents à une ou deux années d'études[31]. »

L'obésité, un véritable obstacle à l'embauche

En France, on ne dispose que de peu de données précises, d'études sur le sujet, et rares sont ceux qui se sont engagés dans l'analyse de la situation, comme les sociologues Jean-François Amadieu, Thibault de Saint Pol, Jean-Pierre Poulain ou Solenne Carof. Comme si le sujet était encore tabou et qu'il était difficile de recueillir des données actualisées. Les chefs d'entreprise et directeurs de ressources humaines sont souvent gênés lorsqu'il s'agit d'aborder cette question du recrutement des personnes en situation d'obésité. Il faut en effet comprendre que cette discrimination est souvent non exprimée, insidieuse, et qu'elle est liée à un stéréotype bien installé, consistant à penser que les personnes en situation d'obésité sont moins compétentes, moins

courageuses, voire paresseuses... et, bien sûr, qu'elles donnent de l'entreprise une image moins valorisante. Manifestement ce fléau qu'est la discrimination dans le monde du travail est mal connu ou peu assumé, si on en juge par le décalage entre la rareté des études sociologiques et la réalité des témoignages.
Thibault de Saint Pol, auteur du *Corps désirable* (2010, PUF), rappelle, en s'appuyant sur différentes études, qu'en France les personnes obèses au chômage, notamment les femmes, ont plus de risque d'y rester que leurs homologues non obèses. Comme si l'apparence physique et un IMC normal constituaient, pour certains postes et fonctions, un diplôme supplémentaire. Cette étude confirme également la discrimination d'employeurs qui refusent des candidats en situation d'obésité par anticipation, pour éviter un manque de productivité supposée ou pour l'effet négatif sur la perception du candidat par leurs clients.

Une discrimination difficile à identifier

Alain Gavand, psychologue de formation et conseil en ressources humaines auprès d'une cinquantaine d'entreprises (surtout des grands groupes), a été un des premiers à s'intéresser dans les années 2000 à la diversité et à l'inclusion au sein des entreprises. Selon lui, si les sujets comme le handicap, les origines ethniques, l'égalité hommes-femmes ou la situation des jeunes sont prioritaires dans le cadre d'une politique de diversité, celui de l'apparence physique et de l'obésité des salariés ne l'est pas. « Une entreprise que veut promouvoir la diversité doit s'appuyer sur ces quatre premiers critères, en partie parce que la contrainte légale est la plus forte. Ensuite, bien après, peut apparaître la discrimination liée à l'obésité, mais ce n'est pas une question prioritaire. Toutefois, dans mes audits et mes enquêtes sur le terrain au sein d'entreprises, où mon rôle consiste à dresser un état des lieux et à identifier des actions de progrès, je n'ai pas noté de discrimination liée à l'apparence et à l'obésité de la part des employeurs, dans le sens où elle émanerait de la direction ou du management. Néanmoins, il n'est pas impossible que des décisions de recrutement soient prises consciemment ou inconsciemment en écartant des candidats obèses dans des fonctions commerciales ou de représentation de l'entreprise. Seul un testing permettrait de l'identifier, en envoyant par exemple de faux CV de personnes obèses et non obèses dans le cadre d'offres d'emploi et en comparant à profil égal si les décisions de recrutement diffèrent. Pour des critères qui peuvent être recensés comme l'âge, le handicap ou le sexe, il est aisé de comparer les populations au sein d'une entreprise et d'identifier des inégalités de traitement comme une moindre progression de carrière ou une inégalité salariale. Par ailleurs, le critère de l'apparence ou de l'obésité ne peut être répertorié en tant que tel et l'on voit d'ailleurs mal comment il pourrait l'être. Cela rend donc plus malaisé l'identification de discriminations sur ce critère. »

Dans le prolongement de son rôle de conseil, Alain Gavand a créé en 2006 l'association « À compétence égale » qui fédère les cabinets de recrutement afin qu'ils s'engagent à promouvoir, chaque jour, l'égalité et la diversité dans le recrutement.

L'association est aujourd'hui présidée par Sylvie Lecerf, DRH chez Michael Page, groupe leader des Ressources humaines en France. « À mon sens, tous les postes et emplois doivent être ouverts aux personnes en situation d'obésité. Je pense à un ingénieur dans cette situation dont la candidature que nous avons proposée n'était pas évidente pour l'entreprise qui redoutait que sa corpulence l'empêche de faire les déplacements fréquents inhérents au poste. Nous avons convaincu notre client de l'engager en lui montrant que tous les déplacements n'étaient pas nécessaires pour ce poste. Ce client avait un stéréotype selon lequel les personnes en situation d'obésité sont plus fatigables que d'autres, ou ne sont pas en bonne santé. Il faut combattre ces codes et stéréotypes sur l'obésité et combattre les discriminations, surtout dans les métiers de l'accueil des publics et les professions commerciales, premières victimes de la discrimination de l'obésité. »

« Une candidature de qualité mais... l'entreprise n'a finalement pas souhaité me rencontrer »

Beatrix, 66 ans, écrivaine, Auch

« Avec vingt ans d'expérience et après avoir obtenu par la formation continue un diplôme de 3e cycle (master 2 en logistique internationale), je souhaitais travailler pour une seule entreprise et j'ai répondu à une annonce parue dans *Courrier Cadres.* L'entreprise qui recrutait m'a indiqué qu'elle avait finalement décidé de confier le recrutement à un cabinet de conseil à qui elle transmettait ma candidature. » Elle est donc reçue par ce cabinet pour un entretien d'embauche. « Il m'a confirmé l'intérêt de ma candidature pour le poste, m'a demandé de compléter un dossier, de fournir une photographie et m'a fait passer des tests classiques. » Trois jours plus tard, elle reçoit un appel pour la féliciter de la qualité des tests et de sa candidature, et le recruteur lui dit avoir hâte de la présenter à son client. « Mais j'ai ensuite senti de la gêne dans sa voix lorsqu'il m'a confié que l'entreprise, à laquelle il avait envoyé mon dossier dès le résultat des tests, ne souhaitait pas me rencontrer. J'ai essayé d'en savoir plus mais il n'est pas allé plus loin. Il m'a simplement dit qu'il regrettait beaucoup cette décision. Après de nombreuses candidatures sans suite, j'avais fini par perdre totalement confiance en moi malgré mon expérience et mon diplôme. Je me suis beaucoup dévalorisée, convaincue que je m'étais finalement "inventé" des compétences qui n'existaient pas. » Des années plus tard, Béatrix rencontre Jean-François Amadieu, sociologue, qui a fait des testings pour évaluer comment les candidatures des personnes en obésité étaient traitées, et qui lui a confirmé qu'il existait bel et bien un « plafond de verre » pour les personnes à forte corpulence, particulièrement lorsqu'il s'agissait de postes à responsabilité.

« Un rendez-vous bâclé, qui m'a laissée sonnée »
Réjane, 51 ans, mariée, Paris
Au cours de sa carrière professionnelle et aujourd'hui encore, Réjane a souffert de discrimination, de brimades et de réflexions insupportables sur son poids et son apparence. Elle a souvent été jugée selon sa corpulence plutôt que selon son expérience, et a malgré tout réalisé un parcours exemplaire de formation, couronné de diplômes, une réussite qui mérite la reconnaissance. « Lorsque je suis arrivée à Paris, j'ai candidaté à un poste dans la communication. Mon CV a été accueilli avec enthousiasme et a justifié un entretien avec le recruteur. » Le cœur léger et certaine du sérieux de sa candidature, Réjane se présente dans l'entreprise et vit une véritable désillusion. Celui qui était enthousiaste à lecture de son CV devient un recruteur impoli et surtout discriminant face à son apparence. Comme pour la punir, il la fait attendre presque trois heures, se souvient-elle, avant de la recevoir et de bâcler l'entretien en moins de dix minutes avec, bien évidemment, une fin de non-recevoir. « J'étais sonnée comme si j'avais reçu une gifle. » Réjane occupe ensuite un poste dans une grande entreprise de services et les stéréotypes sur l'obésité se manifestent également dans la promotion et le recrutement en interne pour un poste commercial pour lequel elle avait tout à fait les compétences. « Ils ont préféré des profils plus classiques et des candidates attractives, grandes et blondes. » De telles situations ont jalonné toute sa carrière, et si aujourd'hui elle occupe un poste stratégique avec des responsabilités, elle pense que la situation reste fragile pour des

personnes en surpoids ou obèses. « Je sais, dit-elle, que je ne serai jamais directrice mais ce qui me rassure, c'est que la jeune génération et les jeunes recrues sont beaucoup moins affectées, et qu'elles assument beaucoup plus leur statut de personnes rondes ou obèses dans l'entreprise. »

La personne en surpoids, un objet de moqueries des collègues ?

Alain Gavand le confirme : « Des situations discriminatoires de la part des collègues apparaissent manifestement lors de mes interviews et enquêtes. Elles se traduisent par de la marginalisation, voire de l'exclusion par le groupe, sous la forme de moqueries ou de jugements sur le poids, le look ou encore sur le régime alimentaire. Elles peuvent prendre également la forme de stéréotypes, par exemple d'associations entre la prise de poids et le manque de volonté. Ces situations doivent à mon avis être prises très au sérieux par le chef d'entreprise, car elles sont contraires à notre éthique, et engendrent des souffrances pour le salarié concerné. De surcroît, l'entreprise qui discriminerait des personnes sur la base de l'apparence physique et de l'obésité ou qui ne recadrerait pas ses collaborateurs irrespectueux à l'égard de collègues concernés par ce genre de stigmatisation s'expose à un risque juridique pénal et prud'homal, mais également de réputation. C'est une thématique qui devrait faire l'objet de davantage de sensibilisations auprès des salariés et des managers et être énoncée clairement dans les politiques diversité. C'est de sa responsabilité. »

Un frein à la progression professionnelle

« La minceur est un plus et comme un diplôme supplémentaire sur le marché du travail, selon le sociologue Thibault de Saint Pol.

Plus vous êtes mince et plus vous pouvez bénéficier de promotion, contrairement aux personnes obèses qui ont déjà plus de mal à trouver un emploi. » Un avis partagé par son confrère Jean-Francois Amadieu, auteur de *DRH : le livre noir* (2013, Seuil) et *La Société du paraître* (2016, Odile Jacob), qui considère que la France est encore caractérisée par un recrutement archaïque qui fige les situations et favorise les discriminations puisque l'apparence physique est souvent décisive lors des embauches. À noter d'ailleurs que seulement 7 % des femmes qui gagnent plus de 4 200 euros par mois sont en situation d'obésité... alors qu'elles représentent 30 % de celles qui gagnent moins de 450 euros par mois. Chez les hommes, ils sont 9,1 % à être atteints d'obésité en gagnant plus de 4 200 euros mensuels, et 18,7 % s'ils gagnent moins de 450 euros[32].

« On vous rappellera » (ou pas)

Marie, 45 ans, secrétaire

Marie a choisi de subir une intervention de chirurgie bariatrique pour en finir avec son obésité morbide, qui l'empêchait de vivre normalement. Elle a perdu près de 40 kg pour atteindre 92 kg et aimerait perdre encore une vingtaine de kilos. Avant cette chirurgie, qui signe sa renaissance, elle a été, elle aussi, victime de discriminations au travail, presque quotidiennes, au sein de la fonction publique territoriale du nord de la France où elle occupe un poste de secrétaire. « Je me souviens, lors d'un entretien pour être mutée dans une autre région, qu'en me voyant le manager a levé les sourcils de dépit. Mon entretien n'a duré, montre en main, que cinq minutes avec la formule "on vous rappellera", alors que j'avais fait des centaines de kilomètres pour le rencontrer. » Pour Marie, cette discrimination est intolérable car elle laisse à penser que les personnes en surpoids ou en situation d'obésité sont moins efficaces ou moins intelligentes que leurs collègues

de travail, mais grâce à sa famille, son mari et ses deux enfants, elle a pu supporter l'insupportable. « Moi, je ne suis pas seule, mais comment font ceux qui sont isolés et montrés du doigt par leurs supérieurs ou leurs collègues de travail ? Il faut que ça change. »
Depuis sa perte de poids, le regard de ses collègues a changé. Plus question de l'écarter des discussions sur la mode, ou les vêtements dont elles lui disaient, avant l'intervention, que « ce n'était pas pour [elle] car [elle était] grosse... par contre, du côté de [s]es supérieurs et ceux qui portaient un regard pesant sur [s]es kilos, aucune réaction particulière ».

Des salaires qui stagnent quand le poids s'envole ?

Selon l'étude de l'Insee de 2016 précédemment citée, « les salaires des hommes et des femmes obèses ne sont pas différents de ceux des personnes non obèses, [...] mais un indice de masse corporelle plus élevé est associé à une très légère baisse du salaire chez les femmes. Cette moindre performance des femmes obèses sur le marché du travail peut à la fois refléter une productivité plus faible, une discrimination supposée ou subie, des préférences qui diffèrent de celles des femmes non obèses et qui influencent l'emploi, le salaire et la corpulence, et enfin la simultanéité du lien entre corpulence et emploi ou salaire[29] ».

Discrimination au travail : que dit la loi ?

En 2014, la Cour de justice de l'Union européenne a jugé que, dans certains cas, l'obésité peut être un handicap et les personnes qui en souffrent être, dans ce cas, protégées par la législation sur les discriminations au travail. Cette décision est intervenue suite au licenciement d'un assistant maternel, qui a porté plainte pour discrimination, et la Cour a statué ainsi : « Bien que l'obésité ne figure pas au rang des discriminations inscrites dans le droit de l'Union, "si l'état d'obésité du travailleur entraîne une limitation, résultant notamment d'atteintes physiques, mentales ou psychiques, dont l'interaction avec diverses barrières peut faire obstacle à la pleine et effective participation de cette personne à la vie professionnelle sur la base de l'égalité avec les autres travailleurs et si cette limitation est de longue durée, un tel état relève de la notion de handicap". »

Source : Les Echos, *18 décembre 2014 (en ligne).*

Et maintenant ?

Comment soutenir les personnes en situation d'obésité sur le marché du travail ?

Favoriser l'inclusion en entreprise

Les personnes victimes d'obésité vivent avec un handicap lié à leur poids qui les gêne tout au long de leur carrière professionnelle. Au-delà de la souffrance psychologique, il y a aussi les douleurs physiques, surtout si le poste de travail n'a pas été pensé pour intégrer leurs différences. Leur surpoids les expose à souffrir de différentes pathologies, notamment articulaires, qui fragilisent les hanches, les genoux et le dos. Ainsi, il est opportun d'envisager une alternative à un poste en position debout grâce à un aménagement avec un fauteuil adapté et des roulettes pour se mouvoir plus facilement, ou des chaises confortables et des tables de bureau qui laissent de la place au niveau du ventre pour les personnes en surcharge pondérale viscérale. « Il ne faut pas hésiter à solliciter l'intervention de la médecine du travail qui doit prendre en compte ce type de situation », recommande Sylvie Lecerf, présidente de l'association « À compétence égale ». Ce sont ces aménagements qui favorisent l'inclusion au travail. À cet effet, chacun (employeurs compris) peut se procurer le livre blanc *Aspire*, réalisé par l'association « Vivons en forme » et composé de six fiches pratiques détaillées pour favoriser l'inclusion, qui s'attachent tant à dénoncer les idées toutes faites et les préjugés qu'à inspirer les managers, les recruteurs et à aider les personnes en situation d'obésité victimes de préjugés… ou les collègues qui en seraient témoins.

Élaborer une stratégie de recherche d'emploi

Si la discrimination contre les candidats en situation d'obésité reste flagrante et omniprésente, certaines entreprises comme Axa, L'Oréal ou Sodexo évoluent sur cette question en prônant l'inclusion de ses collaborateurs. Pour Sylvie Lecerf, il y a des règles à adopter. Elle recommande par exemple d'adresser des CV anonymisés, sans photo, pour éviter que les employeurs et cabinets de recrutement se concentrent sur une image et une apparence qui les écartent de l'essentiel, c'est-à-dire l'expérience et les compétences du candidat. Lors de l'entretien d'embauche, si le recruteur ou le chef d'entreprise rappelle que le poste est difficile et contraignant, il ne faut pas hésiter à reformuler l'affirmation sur le mode : « Je peux occuper ce poste, même s'il suppose des rythmes de travail lourds et contraignants… » Si, au cours d'un autre entretien, le recruteur interroge sur le statut d'une candidate mère à propos du rythme de travail qui ne lui semble pas compatible avec une vie de famille, il ne faut pas hésiter à reformuler la question : « Avec votre question que je me permets de reformuler, vous souhaitez savoir si je peux avoir des horaires importants ? » De manière générale, il faut nommer les choses et éviter les non-dits autour de l'obésité d'une candidate qui serait supposée être inadaptée à un poste ou une fonction.

Si nécessaire, se défendre juridiquement

Maître Éric Rocheblave, avocat au barreau de Montpellier, spécialisé dans le droit du travail et de la Sécurité sociale estime que les procédures de reconnaissance des droits des individus sont longues et compliquées. « Le plus important, explique-t-il, est de produire les preuves qui confirment qu'on a été victime et qu'on a souffert au travail d'un harcèlement et d'une discrimination liés à son poids et sa corpulence. » Une mission ardue qui explique que ce conseil n'ait jamais eu de plaintes ni engagé d'actions pour le compte d'un client victime. Malgré ces embûches, l'individu en situation d'obésité qui se considère comme discriminé dans une entreprise et veut se défendre malgré ces difficultés, peut choisir deux types de procédures :

- soit il considère avoir été victime d'un préjudice dont il apporte la preuve devant le conseil des prud'hommes qui appréciera la hauteur et les conséquences de ce préjudice ;
- soit il décide, si ce harcèlement a provoqué un impact en termes de santé et de maladie comme une dépression ou un burn-out, de choisir le droit de la Sécurité sociale pour faire qualifier les conséquences de son harcèlement de maladie professionnelle.

« Rien n'empêche de conduire ces deux procédures en même temps », ajoute Maître Éric Rocheblave.

Le Défenseur des droits : présent, mais rarement sollicité

Dans les faits, ces discriminations ne sont pas toujours faciles à prouver, et comme elles touchent des personnes déjà fragilisées, qui ont fréquemment une faible estime de soi et une tendance à se dévaloriser, peu de personnes obèses victimes portent plainte. Pourtant, il est possible de saisir facilement le Défenseur des droits en ligne, par courrier ou par téléphone (à Paris,

250 experts sont disponibles, souvent des juristes, et plus de 500 délégués dans toute la France) : https://www.defenseurdes-droits.fr/demander-de-laide-au-defenseur-des-droits-146.
Le marché de l'emploi représente plus de 40 % des 6 500 réclamations annuelles pour discrimination reçues par le Défenseur des droits. Seulement 2 % concernent « l'apparence physique » (qui regroupe actuellement aussi bien la corpulence que les vêtements, la coiffure, la barbe, les tatouages ou piercings). Par manque d'une partie spécifique dédiée à la corpulence, la discrimination liée à l'obésité n'apparaît pas dans les saisies et les statistiques du Défenseur des droits qui explique qu'il « appartient au législateur d'apprécier ou pas s'il est nécessaire d'ajouter une nouvelle catégorie aux vingt-cinq déjà existantes, mais à ce jour ce n'est pas d'actualité ».
Compte tenu de cette lacune, le Défenseur des droits publie sur son site d'autres informations qui permettent de préciser la situation des discriminations contre l'obésité pour les jeunes de 18 à 34 ans grâce à son baromètre sur la discrimination dans le secteur de l'emploi publié avec le concours de l'Organisation internationale du travail[30]. L'objectif est de mieux évaluer les stigmatisations et discriminations vécues par les individus en raison de leur corpulence. Pour la quatorzième édition, en 2021, plusieurs questions ont ainsi été ajoutées afin de rendre visibles les discriminations spécifiques, liées au poids dans l'emploi, notamment lors d'un recrutement. Un résultat qui confirme l'importance de cette discrimination à l'emploi mais aussi l'évolution de la position du Défenseur des droits, qui prend les choses au sérieux même si la corpulence reste encore englobée dans la notion d'apparence physique.

Ce que nous réclamons aujourd'hui pour faire évoluer les choses

Ça ne peut pas durer ! Si les idées fausses ont la peau dure, nous pouvons faire bouger les choses et exiger du monde du travail qu'il devienne plus inclusif. Et pour cela, nous proposons plusieurs pistes.

En préalable, il est impératif de réaliser des études sur la réalité des freins au travail que représente aujourd'hui encore l'obésité.

Compte tenu du fait qu'on manque cruellement d'informations sur la discrimination dans l'entreprise, il est nécessaire de réaliser des études et des sondages pour cerner précisément cette réalité. Parallèlement à ce travail d'études qui permettra de poser un diagnostic, des formations pourront être proposées aux dirigeants et aux salariés. L'objectif est clairement de faire prendre conscience de la condition des salariés en situation d'obésité et de favoriser l'inclusion.

Ensuite, il est essentiel de combattre les stéréotypes !

C'est un des leviers les plus importants pour changer l'image de la population sur les personnes en situation d'obésité. L'objectif est de sortir des éternels clichés, par définition injustes, qui trop souvent assimilent une personne en situation d'obésité à un individu qui manque de volonté, qui mange trop et mal, qui ne pratique pas assez de sport mais aussi qui est limité intellectuellement, qui est fainéant, malodorant, laid... Corriger ces stéréotypes est un travail long et difficile, qui se prolonge souvent pendant plusieurs années pour ne pas dire plusieurs décennies... Il faut donc commencer d'autant plus vite ! Toutes les catégories de la société doivent être associées à cette éducation, mais ce sont surtout les enfants qui sont la priorité, puisqu'ils sont les jeunes et les adultes de demain. « Ces stéréotypes, insiste le sociologue Thibault de Saint Pol, sont liés à l'éducation et il faut les déconstruire dans tous les domaines. Par exemple, il me semble intéressant de valoriser en modèle des personnes en situation d'obésité qui ont réussi dans leur domaine afin de montrer à tous qu'obésité n'est pas synonyme d'échec. Il faut expliquer sans cesse que derrière l'obésité, il y a une personne, mais aussi un parcours, des valeurs et des succès. Certains stéréotypes "collent à la peau" comme ceux associés à une personne sortant de prison dont l'image de délinquant perdure longtemps après qu'il a purgé sa peine. »

Soutenir le « moral des troupes »

Cumuler une recherche d'emploi infructueuse, une stigmatisation et une souffrance liées au surpoids n'est pas sans effet pervers sur le moral : il devient difficile de continuer à avoir confiance en l'avenir et à croire en soi et en ses compétences pourtant réelles. Cette démoralisation devient une difficulté supplémentaire lors d'un entretien de recrutement et empêche de « se vendre ». Des initiatives voient le jour pour aider les chômeurs en situation d'obésité à reprendre la main sur le marché de l'emploi, tel le programme européen Aspire. Lancé en 2019, ce programme holistique et bienveillant regroupe quinze partenaires français et anglais, et a accompagné mille personnes obèses dans des régions défavorisées (notamment le nord de la France et le sud de l'Angleterre) pour les aider à développer leur employabilité et créer un modèle pouvant ensuite être développé partout en Europe. Il se concentre sur un facteur-clé : redonner confiance en eux aux participants, grâce à l'acquisition de bonnes pratiques (alimentation, mobilités douces et actives, sommeil, bien-être mental) mais aussi de *soft skills* (compétences) et le développement du projet professionnel afin que leur corpulence ne bride plus leur désir d'insertion professionnelle. Grâce à ces ateliers en petits groupes pour faciliter la cohésion, sur quatre à douze semaines, la moitié des participants ont réduit leur poids et 10 % sont passés du stade de l'obésité au stade de non-obésité, 80 % ont franchi au moins une étape sur l'échelle d'employabilité et 40 %, au moins deux étapes.

Avoir de vrais recours

En plus de ne pas devoir mettre sa photo sur le CV, il faudrait être en capacité de pouvoir faire un recours auprès du ministère chargé des inégalités en cas de refus après un entretien d'embauche négatif, lors duquel on a très clairement senti que la corpulence a été le point de rupture. Le futur employeur devrait alors motiver sa décision par des raisons factuelles et argumenter son refus. En cas de discrimination avérée, le futur employeur se verrait sanctionné juridiquement.

Chapitre 5

DES SOIGNANTS ENCORE STIGMATISANTS

« Les situations discriminantes ont jalonné non seulement ma vie quotidienne, mais aussi mon parcours médical et même ma grossesse, déplore Anne-Sophie Joly. C'est lors d'une radio pulmonaire prescrite en amont d'une intervention chirurgicale que j'entends un médecin radiologue "se confier" à son technicien (mais assez fort pour que rien ne m'échappe de l'autre côté de la salle) : "Qu'est-ce qu'ils me veulent, tous ces gros, à venir me voir ?" ; ou encore, pendant ma grossesse, une femme médecin échographiste qui ne met pas les formes pour se plaindre qu'elle a "du mal à voir le bébé avec toute cette graisse" et ajoute : "Vous aurez de la chance si votre enfant n'est pas trisomique, avec votre obésité." »
Dans un document publié récemment, la Haute Autorité de Santé affirme que, « selon les pays (dont la France), 56 à 61 % des adultes en situation d'obésité ont vécu une expérience de stigmatisation et deux tiers d'entre eux par des médecins ou autres soignants. Ils ont été jugés par rapport à leur poids, se sont vu proposer moins fréquemment un bilan de leur état de santé, se sont sentis moins souvent écoutés et respectés et ont perçu une qualité des soins moins bonne. On retrouve, de manière constante, la perception de la notion de blâme et d'autojugement négatif dus à la corpulence (étude déclarative auprès de 13 996 personnes engagées dans un programme de soins et d'accompagnement).

Ces attitudes négatives sont généralement liées à une perception erronée [et très mésestimée] des causes de l'obésité [par manque de connaissance et de formation], qui n'est toujours pas considérée comme une maladie à part entière par les soignants [ni enseignée] et souvent réduite à une alimentation peu saine et à un manque d'activité physique[33] ».

Quand les médecins jugent

La stigmatisation la plus scandaleuse émane d'un secteur pourtant censé aider, accompagner, écouter, soigner, voire guérir les personnes qui leur sont confiées. Hélas, le secteur de la santé et des soins, dans certaines conditions, refuse l'inclusion et rejette les personnes en situation d'obésité. Cela dépasse largement le simple ressenti des patients : c'est un phénomène prouvé ! Et même documenté, par exemple dans les travaux de ce médecin spécialiste de la prise en charge de l'obésité, à Nancy (ville dont le CHU a toujours été à la pointe sur ce sujet, sous l'impulsion du Pr Olivier Ziegler, président du groupe de coordination des CSO, président de la feuille de route Obésité). Ainsi, dans sa thèse de médecine présentée en 2022, le Dr Antoine Épin montre la réalité de cette discrimination par ces « médecins de demain » que sont les internes en médecine. Il en a interrogé 1 800 et a noté que plus de la moitié (51,4 %) « expriment une discrimination relative au poids », en attribuant aux personnes en situation d'obésité des caractéristiques critiques telles que « non séduisant », « mal proportionné », « ayant une faible maîtrise de soi », « non endurant », « inactif », « aimant la nourriture », « mangeant trop », « anxieux », « ayant une faible estime de soi » et « lent ». Si le docteur Épin refuse le terme de « grossophobie » et lui préfère celui de « préjugés liés au poids », ce praticien estime toutefois que « la discrimination est globale » et que le corps médical n'est pas « à pointer du doigt ».

Des patients parfois traités comme de la viande

Karine raconte avoir consulté une gynécologue pour subir une ablation de l'utérus, et celle-ci n'a pas hésité lors des examens préliminaires de lui dire sans détour ni tact, en mettant ses mains sur son ventre comme un boucher avec morceau de viande qu'on « ne pouvait pas faire un examen gynécologique correctement avec autant de graisse ». « J'ai été terriblement choquée et c'est en pleurs que j'ai quitté son cabinet. Comment un médecin peut-il traiter un malade de la sorte ? Une de ses consœurs, que j'ai consultée plus tard et qui m'a opérée, a, elle aussi, été outrée par ce que je lui ai raconté. »

Le Dr Rudy Caillet, membre de l'Association française d'étude et de recherche sur l'obésité (Afero) et praticien hospitalier au Centre nutritionnel des Hôpitaux civils de Colmar, essaye de décrypter ces comportements qu'il juge inadaptés. Selon lui, il y a encore tellement de préjugés dus à la méconnaissance de la pathologie au sein du corps médical, qui considèrent, sciemment et inconsciemment, que les patients obèses sont en partie responsables de leurs situations et doivent pouvoir maigrir, manger moins ou pratiquer du sport. Des arguments qui conduisent parfois à un manque de chance diagnostique et une perte de chances *in fine*. « Ces comportements vont désormais plus loin et sont tolérés. Certains soignants savent qu'il existe maintenant des traitements, comme la chirurgie et les médicaments, et n'hésitent pas à les conseiller aux personnes en surpoids ou obésité avant de les soigner et les prendre en charge. »

Quand l'humiliation pousse à ne plus consulter le médecin

Cette situation, hormis sa violence, peut avoir de graves conséquences en matière de santé, car certaines études montrent que les patients souffrant de stigmatisation liée au poids préfèrent ne pas consulter leur médecin s'ils se sentent ainsi jugés, ce qui peut mener à des conduites d'évitement préjudiciables. Ainsi, selon une étude récente, 29 % des participants de six pays (Australie, Canada, France, Allemagne, Royaume-Uni, États-Unis), ont évité de consulter leur médecin même s'ils pensaient qu'ils devaient le faire. L'évitement des soins de santé varie en fonction du pays, et en France, il concernerait 30 % des patients en situation d'obésité[(34)].

La Dre Vanessa Folope, médecin endocrinologue et nutritionniste, auteure d'un article intitulé « Grossophobie dans le monde soignant, une réalité à combattre »[(35)], relève ainsi, notamment, que certaines femmes retardent des examens de médecine préventive comme l'examen gynécologique ou les mammographies. Les raisons citées pour expliquer ce retard comprennent « le traitement irrespectueux qu'elles subissent, l'embarras à être pesées, les attitudes négatives des soignants, les conseils péremptoires pour perdre du poids et l'équipement médical inadéquat ».

Muriel Bismuth, juriste montpelliéraine présidente de l'Association de soutien et d'aide aux personnes souffrant de surpoids et d'obésité « Poids chiche », connaît bien ces difficultés et avoue elle-même préférer parfois ne pas consulter plutôt que de s'exposer au regard intrusif, jugeant et douloureux de certains soignants. « Ils réussissent à nous faire culpabiliser de notre poids et de notre histoire », insiste-t-elle. À plusieurs reprises elle a souffert de stigmatisation, notamment lorsqu'elle devait faire un scanner et qu'on lui a conseillé « de perdre d'abord 25 kg et de revenir ensuite car [elle risquait] d'endommager le matériel ».

Quand il n'existe pas d'IRM ou de scanner pour les personnes en situation d'obésité massive

Exemple flagrant de ces situations qui peuvent poser de vrais préjudices aux patients en matière de santé, l'impossibilité d'avoir accès à certaines techniques d'imagerie médicale pour certaines personnes en situation d'obésité, surtout celles qui dépassent 200 kg ou 300 kg avec une importante graisse viscérale. Certes, ces profils sont exceptionnels, mais ils révèlent un état d'esprit peu impliqué dans le suivi de ces patients, voire une négligence. Pour certains d'entre eux, il est parfois impossible de bénéficier de scanner mais surtout d'une imagerie à résonance magnétique (IRM) comme s'ils étaient des individus à part. Soit la machine bloque à cause du poids sur le plateau, soit le malade ne peut pas pénétrer dans le tunnel de l'appareil, qui fait 70 cm de diamètre seulement.

Une situation confirmée par le Pr Laurent Pierot, radiologue interventionnel en neurologie au CHU de Reims, qui traite notamment des ruptures d'anévrisme cérébral. « Compte tenu de l'augmentation de l'obésité en France, cela va poser des problèmes de prise en charge et de santé publique graves », insiste-t-il. Toutefois, des constructeurs proposent désormais des tables opératoires plus solides et des appareils plus larges même si des malades nous ont confié avoir été obligés de perdre du poids pour bénéficier d'un scanner. Chez certains patients en situation d'obésité, qui souffrent d'un organe hépatique trop gras (appelé aussi la maladie Nash ou cirrhose hépatique non alcoolique), il faut réaliser un examen spécifique, le fibroscan, très précis, pour déterminer les différents stades d'atteinte du foie. Mais parfois, il ne peut être effectué dans des conditions optimales compte tenu de la forte présence de graisse. Le médecin doit alors se tourner vers un autre appareil d'imagerie… moins précis. Pire, certains vétérinaires, comme celui d'une clinique

très connue de la région bordelaise, nous ont confié avoir réalisé des clichés pour humains dans un scanner réservé aux chevaux... L'humiliation suprême pour ces patients. Il est grand temps que le parc des scanners et des IRM se développe en France, comme en Allemagne, et surtout que tous les patients, quel que soit leur statut, puissent en bénéficier avec la même qualité d'image que Monsieur ou Madame Tout-le-Monde.
« On m'avait conseillé, se souvient Muriel, de subir une IRM car je présentais des saignements gynécologiques. Les instruments comme les spéculums du gynécologue n'étaient pas adaptés à mon poids et mon anatomie. J'ai été obligée de consulter une autre gynécologue, cette fois à l'hôpital, qui a pris mon cas au sérieux et m'a hospitalisée pour des examens complémentaires plus poussés. Ils ont prélevé des tissus ovariens et l'analyse a confirmé que j'avais un fibrome de 8 cm, des ovaires polykystiques et un risque de cancer de l'utérus, qu'on aurait sûrement détectés plus tôt si le premier gynécologue avait fait son métier. J'enrage encore, poursuit-elle, car je suis convaincue que ce type de situation se reproduit pour d'autres femmes. »

La discrimination jusque dans la recherche et l'accès aux traitements ?

La P^re^ Karine Clément, médecin, chercheuse et professeure de nutrition à l'hôpital de la Pitié-Salpêtrière à Paris, est considérée comme une experte internationale de la maladie, et à ce titre elle est sollicitée par des instances nationales comme la Haute Autorité de Santé. Elle était présente à une réunion en 2022 sur les bénéfices et les risques préalables à un accord sur le remboursement par l'Assurance Maladie d'un traitement pour de jeunes patients atteints d'une maladie génétique très rare de l'obésité. Elle a pu constater que les membres de cette commission étaient réservés quant à l'intérêt d'un remboursement de cette forme thérapeutique. « Il est possible, précise la P^re Karine Clément, que le traitement de cette question aurait été différent chez des enfants souffrant de maladies neurologiques pédiatriques, comme si les personnes présentes pensaient, par méconnaissance de la "maladie obésité", qu'il fallait privilégier d'autres solutions comme une alimentation équilibrée ou une activité physique adaptée avant de proposer un médicament. »

Quand les personnes âgées en situation d'obésité sont doublement fragiles

Selon l'Inserm, les personnes en surpoids représentent plus de 57 % des personnes âgées de 65 ans ou plus[(1)].
C'est une catégorie démographique qui est souvent négligée, surtout lorsqu'on avance dans l'âge et que ce surpoids se traduit par une obésité. Un sujet compliqué si on écoute les soignants, comme la D^re Margot Denis, endocrinologue et nutritionniste qui exerce dans le centre spécialisé en obésité (CSO) de l'hôpital de la Pitié-Salpêtrière ainsi que dans une clinique privée à Paris. « Lorsqu'on dépasse les 100 kg, certains centres de rééducation refusent ces malades trop lourds et difficiles à gérer et à prendre en charge en matière de rééducation, de transfert et surtout de complications médicales liées à cette obésité. Par exemple pour faire la toilette d'une patiente ou d'un patient en obésité morbide, avec un IMC supérieur à 50, il faut mobiliser quatre à six personnes. Pourtant, il ne faut pas imposer à ces patients des régimes qui risquent d'engendrer une dénutrition pouvant provoquer une perte d'autonomie. »

Une note d'espoir : les institutions commencent à bouger

Le Conseil national de l'Ordre des médecins : une implication récente

Le Conseil national de l'Ordre des médecins, qui a longtemps ignoré cette question des refus de soins et des comportements discriminatoires à l'égard des patients, parfois par manque de plaintes, mesure aujourd'hui l'importance du sujet même si, dans les faits, il est impossible de connaître le nombre de plaintes liées à la grossophobie. « Cela ne veut nullement dire que nous nous désintéressons de ce que vivent les patientes et les patients, mais notre abord a longtemps été celui de la discrimination en général », explique la Dre Anne-Marie Trarieux, responsable de la commission Éthique et Déontologie à l'Ordre des médecins. « En ce qui concerne la grossophobie, tout courrier, témoignage ou signalement, est pris en compte, sous l'angle de la discrimination, attitudes discriminatoires face au surpoids ou refus de soins. » Une procédure existe et des sanctions sont prononcées si aucune conciliation n'aboutit entre soignants et patients. Mais dans les faits, rares sont les plaintes et courriers adressés à l'institution, comme si les personnes en situation d'obésité discriminées ne croyaient pas en l'efficacité de cette structure qui a une image de défenseur des médecins, et non pas des patients.

Combattre les stéréotypes de la discrimination : enfin de nouvelles recommandations !

Dans son guide de bonnes pratiques *Guide du parcours de soins : surpoids et obésité chez l'adulte*[33] présenté en janvier 2023, la Haute Autorité de Santé détaille un plan contre cette discrimination des soignants[6]. Ses recommandations sont claires :

- Les soignants ou autres professionnels de santé doivent mener, individuellement et collectivement, une réflexion éthique, et « rechercher l'impact possible de leurs opinions concernant l'alimentation, l'activité physique, les problèmes de poids, sur la relation avec les patients. Cette évaluation réflexive peut se réaliser à partir de récits, de témoignages, pour favoriser la prise de conscience sur ce qui peut être perçu et vécu comme de la stigmatisation ».
- Il leur faut repérer, dans leur attitude, les représentations stigmatisantes, notamment en identifiant les « impacts négatifs de la stigmatisation sur la santé et le bien-être, l'insertion familiale, sociale, professionnelle ; les préjudices associés à des stéréotypes négatifs (atteinte à l'image personnelle, marginalisation, exclusion ou discrimination) ; les interventions de soins qui risquent de renforcer les attitudes stigmatisantes (matériel de soins inadapté) ».
- Il leur faut aussi « partager et promouvoir, dans les pratiques collectives d'accompagnement, des valeurs communes

6. À noter que ce guide est destiné aux professionnels concernés qui exercent dans le champ de la médecine générale et spécialisée (notamment nutrition, endocrinologie, cardiologie, pneumologie, rhumatologie, gériatrie, médecine physique et de réadaptation, gynécologie médicale, obstétrique, psychiatrie, chirurgie bariatrique), sage-femme, infirmier délégué à la santé publique, infirmier en pratique avancée, diététicien, psychologue, enseignant en activité physique adaptée, masseur-kinésithérapeute, ergothérapeute, psychomotricien, pharmacien, travailleur social, médecin et infirmier de la santé au travail, médecin et infirmier de la médecine scolaire ou universitaire.

(bienveillance, "bientraitance", sollicitude, protection d'autrui, autonomie, etc.) ».

- Ils doivent être attentifs à leur attitude et à leur manière de communiquer, adopter une attitude d'ouverture et de non-jugement, soutenante et encourageante, et notamment choisir leurs mots afin que ceux-ci ne soient pas blessants, mais également être vigilants quant à leur communication non verbale, et rester attentifs aux répercussions émotionnelles d'une situation de surpoids ou d'obésité. L'objectif est en effet d'établir une relation de confiance partagée, afin d'entrer ensemble dans un parcours de soins sans injonctions simplistes (« mangez moins, bougez plus »).

Le rapport de la HAS recommande également de « favoriser l'accessibilité et le confort de l'environnement des soins, afin d'accueillir, de réaliser des examens cliniques et d'imagerie, des soins, de l'activité physique adaptée à toute personne, quelles que soient sa corpulence et sa circonférence abdominale » :

- Les locaux, et en particulier les sanitaires, la salle d'attente, les pièces de consultation, d'examen ou de soins, doivent être suffisamment spacieux et être équipés de fauteuils sans accoudoirs, de chaises larges et confortables, de fauteuils pour les soins dentaires, de tables d'examen permettant le décubitus latéral, notamment pour les examens gynécologiques, de poignées ou de barre d'aide au relevage.
- Le matériel de soins devrait être adapté à toute corpulence et disponible (balance, brassard de mesure de la pression artérielle, tapis de marche, vélo, etc.).
- Des chemises d'examens ou de soins adaptées à la corpulence devraient être disponibles.
- En établissement de santé, les équipements des blocs opératoires, le matériel d'imagerie médicale (scanner, IRM, tables d'endoscopie, etc.), les lits d'accouchement adaptés à des corpulences importantes devraient être disponibles ou mis à

disposition rapidement grâce à une mutualisation (brancard, fauteuil roulant, lit, matelas, plate-forme de pesage, matériel de manutention, dispositif anti-escarres).

Enfin, il est préconisé que le médecin qui suit une personne en situation d'obésité (ainsi que tout professionnel qui intervient dans le parcours de soins) repère des signes ou des conséquences d'un processus de stigmatisation et/ou d'auto-stigmatisation chez les patients, et notamment qu'il reconnaisse et prenne en compte le fait que certaines personnes ont pu avoir des expériences négatives avec des soignants.

C'est une avancée majeure, qui reflète un nouvel état d'esprit, salué par les professionnels de santé impliqués dans les soins contre l'obésité, comme le Dr Rudy Caillet, qui vient de créer StéréO, une association qui vise à reconnaître les situations de discriminations pour mieux les combattre, notamment grâce à un travail d'information. Il a récemment lancé une campagne d'affichage à destination de tous les soignants de l'hôpital de Colmar. Des affiches, avec des slogans pour « dépasser les préjugés », qui reprennent des paroles de patients : « Tout me profite ! », « J'ai tout essayé ! », « Ce sont les hormones », « Je prends 2 kg en regardant la vitrine ». Chaque affirmation est ensuite expliquée et documentée pour non seulement mieux comprendre la genèse de l'obésité, mais également faire prendre conscience aux soignants de leurs préjugés et de leur comportement parfois stigmatisant. « Il faut analyser ces situations, et dans un second temps les corriger et les faire disparaître grâce à des formations et une communication adaptées. » Ce praticien engagé souhaite aller encore plus loin : « Nous voulons également travailler au niveau scolaire avec des réunions d'information sur le harcèlement et la stigmatisation, et organiser des campagnes dans les écoles mais également dans le domaine de l'entreprise avec la médecine du travail. »

Et maintenant, comment avoir une médecine plus inclusive sur le terrain ?

Reconnaître le statut de maladie à l'obésité

C'est la revendication la plus importante pour les associations de personnes en situation d'obésité et le corps médical dédié à cette prise en charge, car cette reconnaissance aura de vraies répercussions positives, en bouleversant les relations entre soignants et malades.

Être considéré comme un malade pour une personne en situation d'obésité va lui permettre d'acquérir des droits, comme celui d'être suivi et soigné pendant des mois et des années car l'obésité est souvent une maladie à vie. Cette prise en charge permettra le remboursement de certains traitements par la Sécurité sociale alors que ce n'est pas le cas actuellement. Par exemple, après une chirurgie bariatrique, les patients qui peuvent être carencés doivent prendre des vitamines à vie, dont certaines ne sont pas prises en charge par l'Assurance Maladie.

Avec le statut de malade souffrant d'obésité, tous ces traitements seront, de fait (enfin nous l'espérons !), remboursés comme pour n'importe quelle maladie chronique. Le statut officiel de maladie conduira également des acteurs de la santé à investir ce nouveau marché, notamment les industriels du médicament qui sont déjà présents et qui disposeront, de fait, d'un marché captif dans la mesure où les spécialités de traitement de l'obésité seront prises en charge par l'Assurance Maladie (c'est notre volonté).

C'est en partie pour cette raison que les associations de malades comme le Collectif national des associations d'obèses (CNAO) sont favorables au développement d'une classe de médicaments spécifiques au traitement de l'obésité, afin que ces thérapeutiques ne risquent pas d'être utilisées par les personnes qui, par souci esthétique, veulent juste perdre quelques kilos avant l'été. Ce serait une insulte pour ceux qui en ont vraiment besoin et en souffrent, et un manque de considération pour notre combat.

En étant reconnue comme une maladie, comme c'est le cas chez nos voisins allemands, italiens, portugais, l'obésité deviendra un véritable marché comme le sont déjà le diabète, les maladies cardiovasculaires ou l'insuffisance rénale, menant à plus de recherche et de nouveaux traitements. Et plus l'arsenal thérapeutique sera large et varié (entre chirurgie et médicaments ou association des deux), plus la prise en charge des patients pourra être personnalisée, donc efficace. Car il nous faut réduire les risques de complication et gagner en espérance de vie en meilleure santé possible.

Mieux former les soignants

C'est un point central. Les patients en situation d'obésité réclament depuis des années d'être considérés comme des malades « comme les autres ». Ce qu'ils demandent, à juste titre, est de ne plus avoir la boule au ventre lorsqu'ils entrent dans un box ou le cabinet de consultation du médecin, qu'il soit généraliste ou spécialiste, et surtout d'en finir avec les réflexions et humiliations de certains d'entre eux. La Pre Christine Poitou-Bernert, médecin nutritionniste spécialiste de l'obésité dans le service de la Pitié-Salpêtrière à Paris et enseignante à la faculté de santé de Sorbonne Université, est optimiste et convaincue que les praticiens de demain ne ressembleront pas à leurs aînés en matière d'accueil, d'écoute et de dialogue face aux malades en situation d'obésité. Elle a instauré depuis des années un module d'enseignement dédié aux étudiants en médecine. L'objectif de cette formation intitulée « Préjugés en médecine » repose sur une prise de conscience des représentations qu'ils peuvent avoir vis-à-vis des personnes en situation d'obésité et cherche à sensibiliser ces futurs médecins au vécu des patients et aux conséquences de la stigmatisation, grâce notamment à un échange avec des représentants d'associations de patients.

« En matière de prise en charge des patientes en situation d'obésité, nous ne sommes pas bons en France », regrette la P^re^ Sophie Béliard, nutritionniste, endocrinologue, diabétologue et présidente nationale du Collège des enseignants en nutrition qui a pour vocation de promouvoir les enseignements de nutrition dans les facultés de médecine. « Tous les médecins français devraient être mieux formés car dans leur carrière ils seront forcément amenés à recevoir des patients en situation d'obésité. » Quand on sait que les futurs médecins reçoivent pendant leur formation initiale à peine quatre heures de cours sur les questions liées à l'obésité de l'enfant et de l'adulte, on mesure ce qui reste à accomplir. « La dernière réforme des études de médecine a supprimé un tiers des enseignements jugés inutiles ou trop spécialisés, précise-t-elle, dans la mesure où les étudiants n'étaient pas certains d'être confrontés à ce type de situations cliniques, rares, dans leur carrière. » Ils ont été remplacés par des enseignements nouveaux pour les étudiants de 2e cycle et dont l'évaluation aura lieu cette année. « Ce sont des examens cliniques objectifs et structurés (Ecos), enseignements qu'on utilise depuis longtemps au Canada et en Suisse, explique-t-elle. Cette formation repose sur des situations de consultation comme des travaux pratiques ou des mises en situation. La formation des étudiants en médecine aux Ecos permettra probablement de mieux les former à l'entretien avec un patient en situation d'obésité, à sa prise en charge et aux manières de faire adhérer le patient à des objectifs très précis. » Cette spécialiste estime que lorsque l'obésité sera reconnue comme une maladie, les formations dédiées se multiplieront. Toutefois, cette formation (initiale ou continue) ne doit pas se limiter aux seuls médecins : tous les soignants et professionnels paramédicaux doivent aussi être mieux préparés à recevoir, écouter et traiter des personnes en situation d'obésité.

Changer le regard des professionnels

La D^re^ Vanessa Folope, dans son article cité plus haut[35], raconte combien l'immersion dans la vie d'un patient en situation d'obésité peut être efficace pour que les soignants deviennent plus compréhensifs. La formation proposée par son équipe depuis 2015 utilise une technique de simulation hybride (avec une combinaison mimant une obésité de 200 kg), qui permet aux soignants de se glisser dans la peau de patients dans différentes situations de soins (et de la vie quotidienne), pour expérimenter leurs difficultés, fatigue et douleurs, mais aussi les moqueries ou les regards subis. « Certains soignants parlent d'électrochoc au décours de cette expérience, relate-t-elle. Celle-ci fait émerger un discours empathique chez ceux qui ont revêtu la combinaison, mais aussi chez les apprenants qui ont observé le comportement de la société envers la personne obèse massive simulée. Près de la moitié des soignants formés ont déclaré rétrospectivement que leur attitude avait changé grâce à l'expérience vécue, et 71,4 % ont jugé qu'ils étaient moins critiques vis-à-vis des personnes obèses. Et tous ont recommandé l'atelier à leurs collègues. » Ce type d'enseignement pourrait être intégré dans la formation initiale des étudiants médicaux et paramédicaux, mais aussi proposé en formation continue.

ELLE NOUS RACONTE

« CERTAINES RÉPONSES HUMILIANTES VOUS FONT PASSER L'ENVIE DE FAIRE DU SHOPPING ! »

Danielle Moreau, chroniqueuse dans *TPMP*

Danielle Moreau, une des trop rares figures du « PAF », le paysage audiovisuel français, en situation d'obésité, milite en faveur d'une loi et de sanctions contre ceux et celles qui insultent, se moquent et dénigrent les personnes en surpoids. Cette chroniqueuse de *TPMP*, l'émission de Cyril Hanouna, n'a pas sa langue dans sa poche dès qu'on stigmatise les obèses. « Je suis convaincue qu'il faut légiférer sur la question comme on l'a fait pour les homosexuels et imposer des sanctions contre les gens qui dénigrent les personnes obèses. L'insulte "sale grosse" devrait être punie comme le sont très justement les insultes homophobes, car elle stigmatise souvent des personnes souffrant de problèmes de santé. »

Sa vie a souvent été rythmée par des moqueries, des insultes et des humiliations sur son poids, ses formes et son allure. « Il y a quinze ans, dans une boulangerie parisienne, se souvient-elle, un homme m'a très ouvertement doublée dans la file d'attente. "Surtout ne vous gênez pas", lui ai-je lancé et il m'a répondu (j'en reste encore choquée) : "Sale grosse, qu'est-ce que tu fais ici à acheter des croissants ?" J'avais été encore plus choquée de l'absence de réaction des personnes présentes face à ces paroles humiliantes. » Des années plus tard, en vacances à Royan avec sa mère, un couple à vélo l'a frôlée, sur un trottoir étroit, au risque de la renverser sur le bitume. « J'ai naturellement râlé tout haut contre leur incivilité. L'homme a aggravé son cas en me répondant que je ferais mieux d'en faire, moi, du vélo ! Une allusion évidente à mon surpoids. Comme il s'est garé quelques mètres plus loin, je l'ai rattrapé et suivi, en prenant les passants à témoin pour dénoncer ses propos grossophobes. » Un homme qui, selon les dires de Danielle, ressemblait à un petit garçon, a été humilié à son tour, la tête baissée sur ses chaussures et tancé vertement par sa femme.

La prise de poids de Danielle remonte à la puberté. « Vers 13 ans, je sentais que j'avais juste quelques kilos de plus que mes copines mais pas suffisamment pour que ça me gêne et me complexe. » Malgré son hérédité (sa mère a elle aussi souffert de surpoids), elle enchaîne régime sur régime, convaincue que le dernier sera le bon. « Aujourd'hui encore, près de cinquante ans plus tard, j'essaye un nouveau régime depuis quelques semaines, le jeûne intermittent. Ça semble marcher si j'en crois mon entourage mais je n'ose même pas me peser, de peur d'être désespérée. »

Sa vie est un combat contre le poids. Dès qu'elle peut, elle plonge dans une piscine et enchaîne les longueurs. « Lorsque j'étais à France 2 je me levais très tôt pour être dans un bassin à 7 heures. C'était ma thérapie contre le poids. » Un poids et surtout des formes qui l'ont longtemps empêchée de s'habiller comme elle le souhaitait, et surtout où elle le voulait. Avec des tailles de 50 pour le pantalon et de 46 pour le haut, pas facile en effet de trouver. « Quatre-vingt-dix pour cent des boutiques de prêt-à-porter ne proposent pas de 46, et lorsque vous pénétrez dans l'une d'entre elles le regard des vendeuses se fait pesant… et il m'est arrivé d'entendre un définitif "on ne fait pas de ça ici". Des réponses humiliantes qui vous passent l'envie de faire du shopping ! » Comme pour beaucoup de personnes en situation d'obésité, depuis la fermeture de sa marque fétiche Marks & Spencer avec ses grandes tailles jolies et accessibles, elle remue ciel et terre pour trouver une alternative dans les enseignes C&A ou Damart. « Je ne peux pas m'habiller trop sexy ou moulant sous peine de me sentir ridicule, en revanche je choisis des tissus de belle tenue, assez épais, qui peuvent bien camoufler la chute des reins et les fesses. Une veste bien taillée peut vous faire paraître dix kilos de moins. En revanche, un vêtement moulant avec un tissu trop léger peut vous donner quinze kilos de plus. »

Au-delà de son combat contre les discriminations, et notamment celle dont elle souffre, Danielle revendique un droit à la différence. « Il faut que notre société accepte la différence et le fait qu'il y a des personnes grosses, très grosses, minces et très minces… »

Depuis *TPMP* où elle est présente tous les soirs, elle reçoit des messages encourageants de téléspectateurs qui s'identifient à elle. La télévision française serait-elle devenue plus tolérante en s'inspirant de l'expérience d'Oprah Winfrey, présentatrice vedette américaine dont le combat contre l'obésité est presque devenu une cause nationale, soutenue par Michèle Obama ? « La vraie victoire sera obtenue lorsqu'on verra une femme en surpoids présenter le Journal de 20 heures. La preuve que la taille du QI sera devenue plus importante que la taille des vêtements pour les employeurs ! »

Chapitre 6
L'INVISIBILISATION DANS LA MODE

Être en surpoids ou en situation d'obésité n'empêche pas de vouloir être féminine et bien habillée, sans se dissimuler sous des vêtements tristes, amples et sombres. D'ailleurs, pouvoir choisir son look et son style, comme partie intégrante de sa personnalité, participe d'une réassurance dont les femmes en situation d'obésité ont peut-être encore plus besoin que les autres, car elles souffrent souvent d'une image d'elles-mêmes dégradée, pression sociale oblige…

En France, s'habiller comme elles le souhaitent reste difficile pour les femmes en surpoids

Karine, 46 ans, qui vit à Montpellier, souffre de ce qu'elle qualifie de double peine : ne pas s'habiller comme elle veut à cause de son obésité. Elle a commencé à prendre du poids vers 14 ans. « Cela correspond à l'arrêt du sport, notamment l'équitation, et je me suis réfugiée dans la nourriture. » Aujourd'hui elle a beaucoup de mal à assouvir ses envies en matière de vêtements à la mode mais ne désarme pas, d'autant que pour rester attirante, elle a choisi des décolletés plongeants pour concentrer les regards et éviter qu'on scrute le reste de son corps. « J'achète des boxers en 46 à 48, des soutiens-gorge en 110 et de la lingerie chez Kiabi en magasin, même s'il n'y a rien d'affriolant dans cette marque. » Pour le reste c'est sur Internet qu'elle a trouvé son bonheur et notamment sur le site du revendeur chinois Shein (un des piliers de la fast-fashion) qui propose, selon elle, des vêtements très variés pour les personnes en situation d'obésité. La situation de Karine confirme la difficulté des personnes en situation d'obésité de disposer de marques qui épousent leurs formes. Le choix est beaucoup plus limité dans les boutiques de notre pays, comme si la France avait de mal à assumer cette situation et à répondre à cette clientèle alors que chez nos voisins européens, la situation est plus simple et les personnes en situation d'obésité bénéficient d'une inclusion plus large.

Lalaa Misaki, 37 ans, auteure de *Hors normes* (2022, Hugo New Life), qui se considère comme « la plus grosse des minces » et s'habille en taille 46-48, milite pour une meilleure inclusion. Blogueuse, elle distille, avec plaisir et justesse, sur son compte Instagram Lalaamisaki, des conseils et des idées de mode, d'habillement, pour les personnes en situation de surpoids et d'obésité, d'autant qu'elle a toujours souhaité travailler pour la mode grandes tailles après ses études dans une école de mode. Très inspirée par ses marques préférées comme Sandro, Maje et même Zara, elle a réalisé entre 2018 et 2020 cinq collections de vêtements pour la marque Gémo distribuée sur Internet. « Mais après la crise du Covid, explique-t-elle, la marque a eu peur des conséquences financières et économiques de son investissement dans les vêtements grandes tailles et a préféré interrompre notre collaboration. » De quoi confirmer la frilosité des marques françaises à investir ce marché.

Certaines enseignes refusent de présenter des produits XXL dans leurs boutiques de peur d'une mauvaise publicité sur leur clientèle fidèle. La formule de Karl Lagerfeld « Au-delà de la taille 38, je ne peux pas habiller une femme » a laissé des traces sur les créateurs, sorte de signature de la tradition hexagonale et du concept de la Parisienne chic et mince, qui pourrait expliquer les raisons de l'absence des grandes tailles dans la plupart des boutiques de prêt-à-porter.

« Rien à dire » : les marques aux abonnés absents
Manifestement, le sujet des tailles gêne bon nombre de marques qui ont refusé de répondre à nos demandes répétées d'interview, comme certaines enseignes de l'habillement haut de gamme telles que Sandro, Maje ou Claudie Pierlot. Elles n'ont pas souhaité répondre aux questions, pourtant légitimes, comme celles liées à leur absence stratégique sur le marché des grandes tailles et ce qu'elles pensent de la discrimination dont souffrent les femmes en situation d'obésité. Silence radio.

Un surpoids « non rentable » ?

Un avis partagé par Béatrice Tachet, directrice pédagogique de l'École du marketing de luxe, qui a occupé des postes stratégiques d'acheteuse sous différentes marques et qui, dans sa thèse de doctorat, portant sur les enjeux de légitimité entre la mode conventionnelle et la mode grande taille(36), revient sur la frilosité française à valoriser ce marché et en explique les raisons. Elle relève que, selon la dernière campagne de mensurations réalisée (en 2006 !) par l'Institut français du textile et de l'habillement, « les dix premières tailles (du 32 au 50) représentent un peu plus de 90 % de la population, alors que les dix tailles suivantes (du 52 au 70) rassemblent moins de 10 % de la population féminine en France en 2006, soit deux fois moins que la seule taille 40 (20,6 %). Nous pouvons donc considérer que les tailles 52 à 70 représentent un marché d'habillement de niche ». Mais « les magasins de mode conventionnelle s'adressent souvent aux tailles 34 à 44. Pourtant la taille 34 ne pèse que 0,70 % du poids total alors que la taille 48 qu'on ne trouve pas en magasin conventionnel pèse près de 9 % » !

Les raisons du refus des créateurs et de leurs marques sont surtout liées au modèle économique. Fabriquer des vêtements, pantalon, robes, hauts de taille 46 à 60, loin des standards, a un prix de revient plus élevé que pour des tailles classiques. De manière générale, lors de la fabrication de modèles de tailles différentes, les fabricants rajoutent du tissu d'une mensuration à l'autre, en revanche chez des personnes en situation d'obésité les choses sont différentes. Les morphotypes ne répondent pas aux règles des mensurations classiques, car elles peuvent varier d'une personne à l'autre en fonction de la localisation de la masse graisseuse. Selon qu'elle est présente sur la poitrine, le ventre, les hanches ou les jambes, elle conduit à une spécificité de coupes et de gabarits. À côté de ces patrons ou gabarits de fabrication spécifique, il faut également prévoir des renforcements sur les zones à risque de ruptures qui peuvent parfois céder ou se détériorer. Tout cela a un coût qui dissuade les marques d'investir, explique Béatrice Tachet. Chez Etam, marque pour laquelle elle a travaillé pendant quinze ans, elle a sensibilisé sa direction de l'époque sur le marché des grandes tailles, ce qui a donné lieu à une collection grandes tailles créée dans les années 2000.

De la fast-fashion… au luxe

Mais cette situation est-elle tenable longtemps, compte tenu de la présence de jeunes marques ciblées sur Internet et de celles de la fast-fashion, comme Kiabi, C&A ou H&M qui proposent de très grandes tailles, jusqu'à 5 XL ou 6 XL ? Le marché du luxe, lui, pour satisfaire sa clientèle étrangère issue du Moyen-Orient ou d'Afrique, propose de plus en plus de produits – vestes, jupes, robes de soirée, chemisiers, pantalons ou pulls – jusqu'au 50 voire plus en s'adaptant au morphotype des clientes, comme Dolce & Gabbana, Christian Dior ou Giorgio Armani.
Ne va-t-on pas assister à une révolution si ces marques veulent continuent à faire rêver les femmes en prônant la valeur de

l'inclusion, sans rogner leurs parts de marché ? Nous avons posé ces questions à un spécialiste, Thibaut Ledunois, directeur de l'entrepreneuriat à la Fédération du prêt-à-porter. Par des explications très consensuelles, il défend le caractère spécifique du marché de la mode mais confirme le retard des marques françaises vis-à-vis des clients en situation de surpoids ou d'obésité. « Pour autant, les sociétés évoluent beaucoup sur ces sujets et on sent que la représentation des corps, des genres, des couleurs de peau et des minorités tend à se diversifier. Le marché reste pour le moment plus restreint que dans d'autres pays mais surtout les marques françaises font face à de nombreux défis qui malheureusement relèguent les enjeux d'inclusion par le produit au second plan. Je pense notamment aux enjeux réglementaires sur l'économie circulaire, l'affichage environnemental, le devoir de vigilance qui sont évidemment, eux aussi, essentiels. Il y a d'autre part les enjeux de transformation des marques qui doivent innover, se digitaliser, s'adapter aux nouveaux modes de consommation et de communication, qui mobilisent grandement les professionnels de la mode. Le développement du marché à destination des personnes en surpoids ou souffrant d'obésité demande une vraie réflexion et des ressources qui sont pour le moment, pour beaucoup de marques françaises, investies dans d'autres chantiers tout aussi essentiels pour assurer leur résilience et leur viabilité, et malheureusement au détriment de certaines autres urgences. Le marché se développera très probablement comme il commence déjà à se développer à travers des marques qui se construisent sur ces engagements, des acteurs historiques qui se mobilisent, des influenceurs et des prises de parole publiques sur ces sujets, etc. L'avenir nous dira à quel rythme, sous quelle forme et avec quelle ampleur. »

Une pesante histoire « d'image de marque »

Mais en France, les observateurs, notamment ceux issus de la presse, constatent qu'il y a encore une hésitation à investir sur ce marché grandes tailles. Pas seulement pour des raisons économiques et de rentabilité mais également pour des problèmes d'image de marque. L'image de marque d'une enseigne est aussi importante que son prix, la qualité de ses produits et les valeurs qu'elle véhicule. Les clientes se reconnaissent dans une marque non seulement pour les collections proposées mais aussi pour les valeurs qu'elle affiche et défend, et elles ont le sentiment que la marque a conçu des produits pour elles et rien que pour elles. Inclure les personnes en situation d'obésité ou en surpoids même à fort pouvoir d'achat va agir sur cette image et sur la rentabilité dans la mesure où leur clientèle historique n'aura plus le sentiment d'être une cliente unique.

La bataille de la représentation et de la visibilité

La pub, un lieu d'ouverture ?

La publicité est, comme le marché de la mode, à la croisée des chemins en matière de représentations du surpoids et de l'obésité. Depuis plus d'une dizaine d'années, la publicité – télé, presse, Internet ou affichage – dont le rôle est non seulement de comprendre les besoins et les attentes du public mais également de convaincre les annonceurs (ses clients) en se montrant à l'écoute des mutations de la société, opère des changements importants. Dès les années 2000, la marque Dove de produits d'hygiène et de cosmétiques ou un créateur vedette comme Jean-Paul Gauthier ont choisi de valoriser des mannequins avec des formes et en surpoids, y compris le couturier dans ses défilés. Une brèche dans la tradition des mannequins filiformes, qui confirme que les marques ont compris l'importance de ce marché bien plus diversifié qu'on ne le croit. Mais pour les publicitaires, pas question pour l'instant de promouvoir des produits avec des mannequins en situation d'obésité. « Notre responsabilité de publicitaires est le conseil, et justement nous déconseillons à nos clients de valoriser leurs produits avec des mannequins en situation d'obésité », explique Caroline Darmon, directrice du RSE chez Publicis. Pour cette publicitaire, pas de problème pour valoriser les formes généreuses de mannequins en surpoids... mais pas question de franchir le Rubicon de l'obésité, qui est un sujet de santé publique sérieux et dont la promotion irait à l'encontre des valeurs de responsabilisation et de promotion de la santé. « Ce n'est pas notre rôle, précise Caroline Darmon, de promouvoir des images de l'obésité et encore moins de banaliser cette obésité à travers des campagnes, tout comme ce n'est pas notre rôle de montrer l'anorexie. » Une position certes responsable mais qui participe d'une certaine manière à l'évitement actuel et à l'absence de mannequins en situation d'obésité dans les programmes publicitaires alors qu'ils sont beaucoup plus visibles sur Internet ou dans le domaine public en général.

Body positivisme : vers l'acceptation et l'inclusion ?

L'obésité est le miroir de notre société et de notre histoire. Il suffit de comparer deux générations de personnes en situation de surpoids ou d'obésité pour s'en convaincre. La première a environ 50 ans et la seconde, 20 ans. Entre elles, il y a parfois un fossé dans la perception du corps et la façon dont elles souhaitent le montrer ou le cacher. La femme de 50 ans s'est longtemps vêtue de robes et de pantalons noirs qui camouflent davantage les formes. Celle de 20 ans a opté pour une autre direction, souvent à l'opposé de son aînée, s'habille et affiche son statut de femme forte, ronde, ou en situation d'obésité. S'assumer telle qu'on est, c'est le credo du « body positivisme », mouvement largement popularisé en France grâce aux réseaux sociaux dans

les années 2010 : le hashtag #Bodypositive a rassemblé plus de 15 millions de posts sur Instagram !
Tiffany, qui affiche être une « petite grosse à lunettes, souriante, pétillante et décomplexée », et qui présente ses compositions vestimentaires pour femme en situation de surpoids et d'obésité sur son compte Instagram sous le nom de « La Grosse Dame » (qui compte plus de 35 000 followers), revendique plus de diversité en rendant visibles des corps non normés.
« La différence avec ma mère qui est en situation d'obésité comme moi, explique-t-elle, réside dans le fait qu'à son époque on devait presque cacher ses formes dans un contexte de dictature de la minceur. Aujourd'hui les choses ont changé et les jeunes générations assument plus facilement leurs corps gros et l'affichent sans complexes. Je crois que le body positivisme est en passe de changer la donne et va s'imposer, je le souhaite, comme une référence qui va obliger les créateurs et les boutiques traditionnelles à se tourner vers cette mode grande taille. En ce qui me concerne, j'aimerais créer des collections pour une marque afin d'aider les autres femmes comme moi à s'habiller sexy, branché et à des prix abordables. Mais on a le sentiment que les marques surfent sur ce concept de body attitude qui devient un vrai business. Dans les faits les enseignes n'investissent pas vraiment sur ce marché, j'en veux pour preuve l'abandon du rayon grandes tailles dans les boutiques H&M ! »
Un avis partagé par Virgine Grossat, influenceuse qui fait la promotion de nombreuses marques de mode, est suivie par 550 000 abonnés sur ses comptes TikTok ou Instagram et est soutenue par des marques qui l'emmènent partout dans le monde pour des shootings mode. « Je n'ai aucun problème à être comme je suis avec mes 155 kg. Il faut oser, car les personnes obèses ont tendance à se restreindre et à se mettre des barrières. » Son credo : ignorer les regards des autres sur ses formes, éviter les personnes malveillantes et surtout vivre ses envies.

Cap sur une féminité assumée avec des marques engagées

Pour le shopping, le salut vient de plus en plus de jeunes marques vendues sur Internet, comme Make My Lemonade (377 000 followers sur Instagram), Almé (134 000 followers), Gaëlle Prudencio, créatrice de la marque Ibiloba, qui comptent une clientèle de plus en plus importante et proposent aux femmes en surpoids ou situation d'obésité de tout âge des vêtements modernes et colorés, dans lesquels se sentir bien et belle, portés par des modèles XXL. La récente marque Verseau Paris a été créée par un couple. « Mon épouse Andrea est suédoise, confie Loic Limbio, cofondateur de la marque, et elle porte du 54. Lorsqu'on s'est installés en France on a été surpris de voir qu'il était difficile d'avoir du choix et de s'habiller en grandes tailles alors que dans les principaux pays européens, c'est plus aisé, d'autant que les personnes en surpoids et en obésité étaient plus assumées, plus acceptées et surtout moins discriminées. En Suède, au Danemark et même au Royaume-Uni, on n'est pas du tout dans le concept de la mode parisienne avec des tailles qui ne dépassent pas le 42. » L'idée du couple est de créer une enseigne qualitative, chic, avec des tissus haut de gamme, des modèles pour la femme active, séduisante et sortir du périmètre de la fast-fashion. « Pour minimiser l'usure, peut-on lire sur leur site, nous prêtons attention à la façon dont les vêtements s'abîment. Nous avons par exemple intégré un empiècement en jersey extensible sur notre chemisier. Outre le confort et la liberté de mouvement, il permet de renforcer les coutures au niveau des aisselles. » Pour faciliter le choix des clientes, un guide taille en fonction de l'emplacement de la masse graisseuse de chacune est présenté sur leur site.

De nouvelles marques qui confirment qu'une brèche a été ouverte sur Internet, et permet aux femmes de s'habiller, certes à des prix plus élevés que ceux de la fast-fashion, mais avec des modèles qui se veulent qualitatifs, originaux, esthétiques et surtout adaptés à chacune. Les enseignes traditionnelles ne peuvent plus ignorer ce phénomène et vont devoir l'intégrer !

Des podiums « plus size »

Ashley Graham (qui figure dans le top 10 des mannequins les mieux payés au monde et compte sur Instagram 21 millions d'abonnés), Precious Lee (défilés Versace et Balmain), Alva Claire (couverture du *Elle* britannique en 2021), Paloma Elsesser (élue mannequin de l'année 2020 par l'industrie de la mode), Denise Bidot (vedette de la série américaine *Curvy Girls*), Jari Jones (égérie Calvin Klein), Marina Bulatkina (visage de la marque grande taille russe Svesta, et qui a créé sa propre marque), Tara Lynn, Tess Holiday (premier mannequin taille 56) : autant de mannequins désormais très médiatisées qui non seulement portent haut leurs formes et leur poids, mais diffusent aussi des messages positifs à l'égard des femmes, afin qu'elles s'assument en toute bienveillance avec elles-mêmes.

Plus près de nous, Ludivine Boyer donne des conseils shopping très pratiques sur son compte Instagram Grosse_avec_frange. « Je veux prouver qu'on peut parfaitement s'habiller et faire des compositions même si on pèse 150 kg », explique-t-elle. Comme beaucoup de femmes de sa génération en situation d'obésité, elle revendique un droit de vivre avec « ses formes et sa cellulite ». « Arrêtons de nous culpabiliser sur notre poids et son impact sur notre santé, ajoute-t-elle, car ça nous regarde… Dit-on à un malade du cancer ou à un hypertendu d'arrêter de consommer tel ou tel aliment sous prétexte qu'il est nocif pour sa santé ? Tout ça relève de l'hypocrisie et j'aimerais qu'on accepte les grosses telles qu'elles sont ! »

Et maintenant ?

Changer les représentations et les regards

Il faut aujourd'hui sortir de la caricature d'une femme longiligne (bien éloignée des vrais corps des Françaises), des Barbies au corps soi-disant idéal, qui continue à mettre la pression à toutes les femmes (jeunes et moins jeunes) et à laisser de côté avec suspicion voire dégoût celles dont le corps est considéré comme hors norme. Trop souvent, c'est « le gros » qui est vilain, méchant, moche… Au mieux, il a juste le droit d'être « le drôle ». La société change doucement grâce aux jeunes générations, suivons-les !

Promouvoir la bienveillance

Nous aimerions tous et toutes, pouvoir trouver nos tailles de vêtements et sous-vêtements en magasins sans nous faire rabrouer par des vendeuses désagréables voire odieuses ! Tous les corps ont le droit d'être (bien) habillés, inutile de nous culpabiliser encore plus !

ELLE NOUS RACONTE

« LA PREMIÈRE GROSSE DE LA TÉLÉ »

Sonia Dubois, professeure de français

« Tu es moche, grosse, insupportable et imbaisable. » C'est par ses mots d'une violence inouïe, après vingt-trois ans de vie commune, que Sonia est littéralement répudiée par son mari. Sans le savoir, cet événement qui la jette à la rue, à dormir n'importe où et notamment dans sa loge de théâtre où elle joue *Les Amazones*, est un des points de départ d'une autre vie, d'une nouvelle Sonia. Celle qui a longtemps été considérée comme la « première grosse de la TV », adulée par les téléspectateurs qui affectionnent autant ses pitreries dans *Frou-Frou* de Christine Bravo des années 1990 que ses formes et son poids de 130 kg, va connaître le fond pour mieux rebondir.

Dès sa naissance en 1963 à Cambrai, dans le Nord, cette fille d'épicier-fromager est déjà considérée comme un beau et gros bébé de près de 4,5 kg. « Mais j'appartiens à une famille de sportifs esthètes, où pas un kilo ne dépasse. Avec moi, ils viennent d'accueillir un véritable petit Bouddha, avec des formes et des bourrelets, et c'est pour eux comme une honte. Pour un père qui espère que sa fille sera aussi belle et filiforme qu'un mannequin suédois, il faut vite rectifier le tir. Maigrir, maigrir et toujours maigrir, devient le mot d'ordre familial. On me traîne chez tous les médecins spécialisés dans le traitement du surpoids, endocrinologue, pédiatre, nutritionniste, et plus tard on me prescrit même des médicaments qui agissent sur l'appétit et le poids : des amphétamines (coupe-faim). Le Médiator n'existe pas à l'époque, et heureusement car on me l'aurait sûrement proposé. J'ai très vite le sentiment que mes premiers discriminants sont les membres de ma famille. Seule ma mère, une vénitienne magnifique, s'attendrit sur sa petite fille. D'autant qu'elle aussi a pris beaucoup de poids depuis ma naissance et que son couple va à vau-l'eau. Mon père ne la regarde plus comme avant et la trompe allègrement. Parfois j'ai le sentiment que je suis à l'origine de l'échec de leur couple et c'est très douloureux. »

Si à l'école la petite Sonia ne souffre pas de moqueries et de diatribes violentes, les choses changent lorsqu'elle intègre le collège. Elle ne peut plus cacher ses formes puisqu'elle pèse 78 kg en 5e et 100 kg en 3e. « C'était très difficile, douloureux et je m'inventais un monde, se souvient-elle. La nuit, je rêvais que j'étais mince et qu'on se retournait sur mon passage. J'étais Romy Schneider dans *Sissi Impératrice* et ça me faisait tellement de bien. »

Comme elle veut apprendre le russe, Sonia entre en seconde au lycée de Valenciennes. « Je change de lieu mais mes kilos me suivent, et très vite, je dépasse la barre des 100 kg. La spirale des régimes recommence mais avec succès cette fois : je redescends à 78 kg et même 66 kg au moment du bac. »

Suit une période heureuse, légère, au cours de laquelle Sonia s'installe à Paris avec son mari. « Je suis amoureuse mais je m'ennuie... alors je me lâche. Je mange, encore et encore, comme un aspirateur à bouffe, et très vite le naturel revient au galop et je reprends des kilos presque chaque semaine... » Alors qu'elle rêve de philosophie et pense même à l'agrégation, elle rencontre par hasard dans la rue, vers Montmartre, une photographe du magazine *Glamour* qui travaille sur des portraits de femmes rondes sur douze pages... Le magazine tombe entre les mains de Christine Bravo qui l'engage dans l'équipe de *Frou-Frou.*

Pendant des années, Sonia rit et fait rire des millions de téléspectatrices et téléspectateurs. On rigole en famille à ses chroniques, sa voix haut perchée, autour des copines et de l'invité du jour. « C'était formidable, car j'ai la sensation très agréable d'apporter de la joie et du plaisir aux téléspectateurs mais en réalité, je ne suis pas heureuse. La télé n'est pas ma culture ni ma religion ni même mes origines. Je me sens clivée, un peu comme Janus, héros de la mythologie grecque, à la fois heureuse et malheureuse car il me manque l'essentiel… » Et l'essentiel pour Sonia, c'est « la vraie vie » : les gens qu'on connaît hors du champ cathodique et médiatique, ceux qu'elle rencontre dans la rue ou qu'elle retrouve aux cours de français et d'anglais qu'elle propose à des enfants de réfugiés politiques. Après l'aventure *Frou-Frou*, où elle finit « remerciée » en moins d'une minute par Christine Bravo, Sonia rebondit. Son livre *Maigrissons ensemble* (1996, Michel Lafon) devient un best-seller et elle renouvelle l'expérience télé sur Téva ou les matinales de France 2.

« Mais l'essentiel pour moi est aussi d'avoir un enfant… » Pas un rêve à la *Sissi Impératrice*, mais une réalité puisqu'elle donne naissance à 46 ans à un petit Hippolyte, maintenant adolescent. « Je ne voulais pas que mon fils ait une maman grosse et je m'impose des régimes hyper-restrictifs que je poursuis aujourd'hui, et sûrement jusqu'à la fin de mes jours. Je maintiens ainsi mon poids à 67 kg pour 1,73 m avec des analyses sanguines de bébé. » Heureuse dans son nouveau couple, ravie tant comme maman que comme professeure de français dans les classes de 6e et 5e d'un établissement de la région parisienne, Sonia s'attriste quand elle constate la violence actuelle contre les personnes souffrant d'obésité. « C'est terrible de lire les réseaux sociaux. Le racisme anti-gros est partout, il faut faire quelque chose et éviter de connaître le sort des Américains… Ce sont toujours les mêmes qui trinquent : les ménages à faible revenus, les pauvres qui mangent mal par faute de moyens… C'est la triste réalité qu'il ne faut pas cacher, et que je vois chaque jour dans mes classes. » Pour elle, l'obésité et notamment celle des jeunes, est une urgence, il faut prendre les choses en main, vite, très vite. Elle veut fédérer autour d'elle des volontés et des acteurs « pour créer une Maison de Sonia, sur le modèle de la Maison de Solenn à Paris, en charge des troubles alimentaires des jeunes : une structure multidisciplinaire contre la maladie obésité pour aider et prendre en charge ces jeunes obèses, adultes de demain… Il y va de leur santé et de la santé de notre société ».

Chapitre 7

PUB ET TÉLÉ : OÙ SONT DONC LES PERSONNES EN SITUATION D'OBÉSITÉ ?

La télé sous haute surveillance

Absence d'individus en situation d'obésité sur les antennes télé : une situation dénoncée par les associations comme Gras Politique, de Daria Marx, qui en mars 2023 sur le plateau de *Télématin,* réclamait la présence de journalistes chroniqueurs en situation d'obésité. Pour l'instant la situation a du mal à évoluer malgré quelques tentatives réussies (avec par exemple Laurence Boccolini qui anime désormais *Les Enfants de la télé* sur France 2) mais il y a fort à parier que l'obésité devienne un sujet très politique et une vitrine de diversité et d'inclusion pour les chaînes. En effet, l'Arcom, le gendarme de la télé et de la radio, surveille de près cette situation et envisage même d'introduire dans son prochain baromètre annuel, en 2024, un item sur la corpulence physique afin de suivre cette évolution et la présence de personnes en situation d'obésité sur les antennes. « Dans ce baromètre réactualisé, explique Géraldine Van Hille, cheffe du département Cohésion sociale à l'Arcom, en ce qui concerne l'apparence physique, il y aura deux thématiques, la maigreur et l'obésité. » Pour le réaliser, l'Arcom visionne les émissions diffusées à l'antenne et indexe les thématiques et interventions sur l'apparence physique. « Ça nous permettra de voir si les personnes en situation d'obésité sont, ou pas, sous-représentées en comparaison avec la société. Selon les résultats, nous demanderons aux éditeurs de prendre des engagements en matière de représentation à l'antenne des personnes en situation d'obésité. » Pour bon nombre d'experts, la décision est politique.

Des chaînes qui s'impliquent peu à peu

France Télévisions a évolué sur la présence de journalistes chroniqueurs et d'animateurs issue de la gent féminine et de la diversité ethnoculturelle car elle a été souhaitée par la présidente du groupe France Télévision, Delphine Ernotte. Pour le groupe TF1, pas question de « quotas » d'animateurs ou de chroniqueurs en situation d'obésité, comme le souhaitent certaines associations, mais plutôt une présence régulière et forte dans les programmes et sur les différentes chaînes du groupe privé. TF1 essaye d'introduire dans ses rendez-vous d'information, journaux télévisés et magazines (comme *Sept à huit*) des sujets sur l'obésité et sa prise en charge médicale et sociale... mais également de rendre visibles les personnes en surpoids dans ses fictions comme *Camping Paradis*, ses jeux, comme *Danse avec les stars*, ou même ses programmes courts, comme *C'est quoi cette question ?* « Nous avons une priorité globale qui repose sur une représentativité de tous les Français dans leur grande diversité », explique Mélissa Saint-Fort, directrice RSE de TF1. La présence de Laurent Ournac dans la série *Camping Paradis* ou de Laurence Boccolini dans les jeux des années 2000, comme *Le Maillon faible* ou *Money Drop*, repose toutefois sur leur talent et leur personnalité et non juste sur leur corpulence. « Nous sommes également engagés dans la Charte alimentaire que nous avons signée, ce qui nous oblige à être très vigilants sur les programmes pour

enfants, avec une absence de publicités délétères en matière d'alimentation », conclut Mélissa Saint-Fort.
Mais si ces chaînes sont mobilisées, d'autres ne le sont pas, comme certaines chaînes Youtube privées, très appréciées des enfants et adolescents, sur lesquelles on peut voir diffusés des programmes comme les concours du plus gros mangeur de burgers… aux antipodes des messages de santé publique et de prévention du surpoids et de l'obésité. Et à quand une décision politique pour les personnes en situation d'obésité sur toutes les chaînes publiques et privées ?

L'image à la traîne

En France, dans le domaine du cinéma ou de la télévision, la présence de personnes en situation d'obésité est rare. Les scénaristes et réalisateurs ne se sont pas encore emparés du sujet et les acteurs aux formes généreuses sont souvent cantonnés à des rôles qui véhiculent les éternels stéréotypes sur le poids. Dans d'autres pays en revanche, comme les États-Unis, la représentation des acteurs et actrices en surpoids et en obésité est mieux acceptée. Des actrices rondes ont même décroché des rôles majeurs : Danielle Macdonald dans le téléfilm *Dumplin* et surtout Melissa McCarty dans *Spy* ou *SOS Fantômes*. Pour les hommes, les changements sont moins présents : l'image de l'homme en situation d'obésité « dérange moins », tout comme la discrimination contre les hommes est moins fréquente et moins violente. En 2022, Brendan Fraser a vu son interprétation d'un homme atteint d'obésité grave dans *The Whale* couronnée d'un oscar.
Les temps changent si on en juge également par une autre institution : le concours Miss Univers a choisi en 2023 d'ajouter de nouvelles catégories et des profils de candidate plus en formes qu'à l'accoutumée.

Et maintenant ?

Créer enfin un environnement favorable aux personnes en situation d'obésité

Plus d'empathie et de bienveillance envers les personnes en situation d'obésité nécessite de les rendre plus visibles : l'heure est à l'exigence d'inclusion, quels que soient la corpulence, le handicap, la couleur de peau ou le genre sexuel. Il faut de nouveaux modèles, de nouveaux héros positifs XXL… et sans doute des quotas pour obliger les chaînes de télévision, les studios cinématographiques et les publicitaires à présenter des personnes plus représentatives de la vraie société !

ELLE NOUS RACONTE

« SUR MON POIDS, J'EN AI PRIS PLEIN LA GUEULE »

Valérie Damidot, animatrice, comédienne et écrivaine.

Valérie Damidot est non seulement la fille sympa et pleine de peps de la télé mais également une militante anti-grossophobie offensive qui ne laisse rien passer car, comme elle dit, « j'en ai pris plein la gueule sur mon poids, mes formes et mon look ». À la moindre incartade, regard moqueur et surtout réflexion sur son poids, elle dégaine. Tout le monde y passe, surtout les gens de la TV. Nicolas Canteloup en a fait les frais, et à raison, lorsque dans le sketch de son émission du matin en 2016 sur Europe 1 il ose dire, sous couvert de dérision assassine, qu'« [elle était] morte en dévalant l'escalier et [que] compte tenu de [son] poids et [de ses]formes, [elle]ne rentr[ait] pas dans l'incinérateur ». Sa mère, fidèle de la station, ne croit pas à une blague et panique avant d'appeler immédiatement sa fille, elle aussi choquée par cette sortie de celui qui était à l'époque le premier humoriste de France avec près d'1,5 million d'auditeurs. « Il m'a appelée plus d'une année après pour s'excuser, mais parfois je me demande comment on peut dire des choses pareilles, ce n'est pas possible ! Il faut combattre toutes ces brimades, stigmatisations et discriminations sur le poids et ne rien laisser passer. »

Autre situation lorsqu'un journaliste l'interroge et lui demande, avant même de parler du concept et du contenu de son émission de M6, s'il n'est pas trop « dur de faire un prime time à la TV quand on a physique à faire de la radio ? » Valérie a menacé

d'interrompre l'interview si le journaliste ne s'excusait pas de cette sortie blessante et gratuite. Les sorties de celle qui a fait la gloire de l'émission *D&CO*, et prouvé que les femmes étaient capables de retrousser leurs manches, d'avoir du plâtre dans les cheveux et de refaire une maison de fond en comble, sont fréquentes et appuyées dès qu'on s'attaque au poids, au surpoids et à l'obésité. « Il faut que ça change, car derrière les bonnes intentions, il faut des actes et notamment laisser une place de choix aux femmes en situation de surpoids et d'obésité à la TV, place que je ne vois pas pour l'instant. »
Le poids et les formes de Valérie sont apparus après la naissance de son fils, qui s'est accompagnée de kilos supplémentaires à cause d'un grave problème de thyroïde. « Les choses se sont emballées avec une prise de poids et surtout une hypothyroïdie qui m'a fait prendre un traitement à vie, accompagné d'une surveillance médicale plusieurs fois par an, mais qui a aussi généré une prise de poids conséquente puisque j'ai atteint les 98 kg. Les gens qui souffrent de ce trouble savent de quoi je parle. »
Aujourd'hui, Valérie a retrouvé un poids de forme grâce à la méthode Weight Watchers et la volonté de poursuivre sa carrière. Elle déborde de projets, cumulant un one-woman-show et un livre avec sa fille Roxane, graphiste, intitulé « Vieilles » (à paraître, Fayard), sur les femmes de plus de 50 ans. Un sujet qui la titille depuis longtemps et pourrait devenir un prochain spectacle.

FAISONS ENSEMBLE UN RÊVE

Ce n'est pas la fin mais le début d'une histoire commune que nous avons commencée il y a vingt-cinq ans. Un combat contre l'obésité et les stéréotypes, contre les brimades, les humiliations et les souffrances liées à notre condition de personnes, hommes, femmes, enfants, en situation de surpoids et d'obésité. En choisissant de nous attaquer aux discriminations en tous genres à l'égard de la maladie, nous travaillons directement sur la problématique de l'obésité, sa reconnaissance, son acceptation par tous, ses racines, ses causes… afin de changer le regard de la société sur la ou plutôt les maladies. Nous nous mobilisons également pour les années à venir afin que notre statut de patient soit reconnu et que l'obésité soit considérée comme une maladie chronique à part entière comme le sont le diabète, le cancer et les autres maladies chroniques, qui peuvent être déclenchées par cette « maladie mère » qu'est l'obésité. Je suis convaincue que nous finirons par réussir car c'est le sens de notre société de favoriser les inclusions et toutes les diversités… à condition de ne jamais baisser les bras et de garder la tête haute. Une certitude qui s'appuie sur le chemin parcouru depuis des décennies et les rencontres, pendant ces années, de tant de personnes qui ont, comme moi, l'espoir que les choses changent et qu'elles puissent vivre comme leurs semblables. Car la maladie n'est pas un choix de vie, ni une partie de plaisir. C'est pour cette raison que j'ai choisi de devenir actrice du changement, et d'y participer à mon niveau de patiente. Je ne voulais pas passer mon temps à râler,

bougonner et juger dans mon coin et dans le vide, mais plutôt essayer de faire changer les choses.
Je me souviens de trois personnes, de trois rencontres qui m'ont marquée. Mais trois sur combien... il y en a tellement plus ! Chaque instant passé avec l'une d'elles a été un moment unique et privilégié pour moi.
La première a lieu lors d'une réunion dans une clinique en région parisienne. Une cinquantaine de personnes, des patients en situation d'obésité, sont réunies autour d'une table, et à mes côtés, contre les murs, les professionnels de santé, sans blouse blanche, sont silencieux. Je remarque immédiatement une femme d'une soixantaine d'années, tête baissée, les épaules enfoncées dans le torse, plongée dans un mutisme oppressant. Une souffrance visible, palpable, que je perçois et qui me conduit à tenter d'engager un échange. Je suis comme aimantée, je ne veux pas que cette personne reparte dans le même état à la fin de nos échanges. Mais à la place des mots et des regards, je choisis le contact en lui demandant de m'appliquer une crème pour hydrater mes mains. « Pouvez-vous m'aider s'il vous plaît ? J'ai les mains abîmées et je n'ai jamais le temps de prendre soin de moi, pendant que je coordonne la réunion, pourriez-vous me mettre de la crème sur les mains s'il vous plaît ? » Après un étonnement – pour ne pas dire une incompréhension ! – alors que le débat autour de la table suit son cours, elle applique délicatement, presque maladroitement, cette crème salvatrice. « Merci, lui dis-je, ça m'a fait du bien et maintenant c'est à votre tour. C'est moi qui vais m'occuper de vos mains, je vais m'occuper de vous également. » À la fin de la réunion, cette dame tarde à sortir, nous restons ensemble, elle et moi, dans cette grande salle presque vide, et timidement, les yeux rouges et brumeux d'émotion, elle s'approche et me confie d'une voix basse et tremblante : « Savez-vous qu'il y a de nombreuses années qu'on ne m'a pas touchée, qu'on ne m'a pas massé les mains, qu'on ne m'a pas considérée comme un être humain comme vous l'avez fait ? J'ai eu ce soir la sensation d'être de

nouveau vivante, et considérée comme une personne normale, moi qui suis vieille, moche, pauvre et avec des cheveux blancs. »
Je sens que cette femme a besoin qu'on la regarde avec normalité et équité, qu'on s'occupe d'elle, et tout simplement d'être traitée avec considération et humanité. Quelques jours plus tard, j'apprends que cet événement l'a complètement transformée, qu'elle est plus ouverte, droite, souriante et épanouie. Mon cœur était heureux d'entendre ces mots, j'avais réussi.

Un autre événement me revient également en mémoire. Je suis dans une salle d'attente d'un autre établissement, et cette fois, une femme en situation d'obésité d'une trentaine d'années se confie à moi sans détour : « Je suis seule et je n'attends plus rien de la vie. Je suis prête à en finir, à quoi bon ? Tout le monde me rejette et rien ne me retient », me lance-t-elle. Pendant des heures, dans cette salle d'attente, je lui montre qu'elle peut réaliser ses rêves de femme avec une vie de famille, des enfants, un mari qui l'aime et un métier. « Mais pour cela, lui dis-je solennellement, il faut que vous leviez la tête, que vous vous battiez. Les choses ne seront pas simples, mais si vous baissez les bras, ce sont ceux qui vous font du mal qui auront gagné, et ce n'est pas possible. Votre plus belle revanche sera votre bonheur et votre réussite, et que vous vous autorisiez ces bonheurs et ces joies. » Des années plus tard, je reviens dans ce même établissement. Une femme m'interpelle et se pose devant moi dans un de ces longs couloirs hospitaliers, mais je ne la reconnais pas. « Madame Joly, c'est moi ! me dit-elle. Aujourd'hui je suis heureuse et j'ai réalisé tous mes rêves. Notre échange a été un véritable détonateur de mon changement de vie, et suite à notre conversation, j'ai décidé de prendre ma vie en mains et de plus seulement subir. Merci, merci beaucoup ! »

Je me souviens, et je me souviendrai longtemps de cette femme de 70 ans, arrivant devant moi dans un salon santé grand public sur la prévention. Cette femme me dit timidement : « J'ai bien 15 kg à perdre, croyez-vous qu'à mon âge je pourrais les perdre ? » Mon ressenti me dit qu'il y a bien d'autres choses que cette dame porte, de bien plus douloureux. Je lui propose de nous mettre en retrait de la foule pour discuter, pour que je l'écoute si elle le souhaite. Et là, je découvre, mes yeux fixant la table devant moi pour ne pas l'interrompre ni la déranger, au fil de ses paroles, le comble des horreurs qui parsème l'intégralité, je dis bien « l'intégralité », de sa vie et cela, sans jamais de répit. De sa très jeune enfance à ses 70 ans. Même certains scénarios de films d'horreur sont loin de la réalité de cette dame. Je me mords l'intérieur des joues pour ne pas pleurer, ne pas m'effondrer devant elle, moi qui ne fais qu'écouter et non pas vivre ce que cette femme a subi pendant des années. Au bout d'une heure, elle me dit d'une petite voix pleine de culpabilité : « Pouvez-vous m'aider à perdre mes kilos ? » Je lui réponds en m'avançant vers elle : « Excusez-moi, madame, mais la seule chose que j'ai envie de faire, là maintenant, si vous me le permettez, c'est de vous serrer dans mes bras, car j'en meurs d'envie. Comment faites-vous pour être aussi forte et courageuse et encore en vie ? » Nous sommes tombées dans les bras l'une de l'autre et pendant de très longues minutes, les yeux pleins de larmes, nous sommes restées ainsi, juste serrées fort l'une contre l'autre. Vous allez me dire que je suis folle, qui suis-je pour faire cela ? Et je vous dirais : « Oui, bien sûr, je suis folle, folle de voir peut-être les personnes avec un autre regard qui n'est pas ou peu commun, mais juste humain. » Nous nous remettons ensuite de nos émotions et je la remercie pour sa confiance hors norme, en lui demandant juste qu'à l'avenir elle n'oublie pas de regarder la femme éblouissante, belle et unique qu'elle est, sans plus jamais en douter. De ne plus jamais douter d'elle, de ses capacités de résilience et de courage, du droit au bonheur qu'elle mérite plus que tout, enfin, d'oublier ses kilos qui ont été là pour la protéger, et qu'un jour ils partiront peut-être, ou pas, mais ils ne sont pas la priorité. Je lui demande de ne pas oublier notre échange et de penser à moi de temps à autre, à la fierté et à l'admiration que j'ai pour elle. En partant et après quelques pas, elle se retourne et me dit : « Vous, madame, vous m'avez redonné de l'estime de moi, vous m'avez prise dans vos bras sans me juger, vous m'avez touchée, moi et mon corps gros, vous ne m'avez pas jetée avec mépris comme tous les autres, mais au contraire vous me considérez, jamais je ne vous oublierai, jamais ! » Mais moi non plus, madame, je ne vous oublierai jamais !

Trois situations exemplaires comme cette histoire plus personnelle. Il y a quelques années, comme chaque matin, je déposais mon fils âgé de moins d'un an à la crèche de Puteaux. Alors que je venais de retirer sa combinaison-pilote, une mère s'approche de moi et m'interpelle sèchement, sans jamais me regarder dans les yeux : « Comment et pourquoi ? Vous êtes grosse et votre fils est mince alors que moi je suis mince et mon fils est gros. C'est injuste et insupportable ! » Sa remarque, qui est évidemment stigmatisante et blessante envers moi mais également envers son fils, me laisse muette, choquée, et il me faut quelques instants pour réagir. Le temps de réfléchir à ce que cette femme était capable de comprendre et d'entendre dans l'intérêt de son enfant. « Je pense que votre fils a plus que tout besoin de votre amour, pas de vos potentielles critiques sur sa morphologie. Je vous invite à prendre conseil auprès d'un pédiatre qui vous accompagnera », lui ai-je juste répondu avec compassion tout en serrant contre moi mon fils et en pensant « pauvre petit, cet enfant est déjà en mauvaise posture, et cela vient de sa propre maman, sois courageux, petit loup… »

J'ai pris ces exemples qui sont un infime aperçu des situations douloureuses que vivent les personnes en situation d'obésité au quotidien. Derrière les apparences corporelles qui les isolent et les singularisent du reste de la population, se cache une souffrance intérieure « sans limite » qui détruit les êtres, encore et encore, inlassablement, par petites touches, un peu plus chaque jour… Chaque insulte, reproche, regard dégradant, rejet, ignorance, mépris, nous isole et nous enferme sur nous, et nous finissons à la longue par ne plus avoir d'espoir, d'envie, ne plus faire attention à nous, jusqu'à ne plus vouloir sortir, voir notre famille ou nos amis, consulter les médecins, et pour certains, vouloir se retirer de la vie, lentement mais sûrement. Pendant ces vingt-cinq années de combat, des hommes et des femmes m'ont confié leur souffrance, leurs maux, leurs chemins de vie (allant parfois au bout de l'horreur et de la souffrance), leurs difficultés, leur désespoir, leur peine, leur envie de mourir. Ils m'ont aussi, ce qui est la base de notre espérance, parlé de leurs joies, leurs espoirs, leur nouvelle vie, leur naissance ou renaissance, leurs rêves, leur envie de se battre, leur authenticité, leur humanité, leur bienveillance, leur tendresse, leur gentillesse, leur générosité... Ils ont à mes yeux la plus grande des richesses : leur belle âme. Ils n'ont peut-être pas grand-chose et pourtant, ils ont l'essentiel, ils vous accueillent en vous ouvrant les bras, chez eux, dans leur intimité, comme un roi, une reine, un membre de leur famille qu'ils chérissent, ils vous ouvrent leur table, ils donneraient tout et bien plus encore...

Comme de nombreuses personnes qui luttent depuis des décennies, j'ai fait un rêve, celui de faire bouger les montagnes. Des rêves pour faire un pied de nez aux cauchemars de la vie. Les rêves – et peu importe ces rêves – permettent d'oublier les cauchemars et les douleurs. Ils nous font avancer dans la lumière et pour des jours meilleurs, en laissant derrière nous ce qui nous a en partie détruits, mais également façonnés.

Je rêve que l'ensemble de la société ne voie plus ces malades comme une charge mais comme une richesse et une composante essentielle d'une nouvelle société, d'une autre société plus inclusive et indulgente. Une société française de l'inclusion dans la diversité quelle qu'elle soit. Une société altruiste, loin des stéréotypes et poncifs contre les personnes en situation de surpoids et d'obésité.

J'invite les plus hautes autorités de l'État, et en particulier le président de la République Emmanuel Macron, à s'inspirer de son prédécesseur Jacques Chirac, qui a décidé, en 2002, qu'un de ses chantiers présidentiels serait la lutte contre le cancer. La lutte contre l'obésité doit devenir une grande cause nationale et un chantier de son deuxième quinquennat avec un plan Obésité interministériel sur dix ans, renouvelable, et sous l'autorité de Matignon. J'ai eu l'occasion d'échanger avec le président Emmanuel Macron alors qu'il n'était pas encore chef de l'État. Il avait été sensible à la dimension plurifactorielle de l'obésité qui associe pour lui non seulement la santé, mais aussi la précarité des individus, l'alimentation, l'agroalimentaire, l'éducation, l'écologie, et bien sûr les finances publiques et l'économie. Je sais à quel point il est engagé sur le sujet, des travaux concrets sont menés au CNAO, et nous avons le Nutri-Score (entre autres), mais il nous reste jusqu'à la fin de ce quinquennat pour mettre en action ce chantier de lutte contre l'obésité et la pauvreté aussi vital que titanesque.

Comment pouvons-nous, au XXIe siècle, voir des enfants, des étudiants, des familles, mono-parentales ou pas, des personnes âgées, être la proie des industriels de l'agroalimentaire dont les produits ultratransformés mettent leur santé en danger ? Comment faire pour manger équilibré et varié quand vous n'avez plus ou peu d'argent, plus de force, plus les moyens d'être digne vis-à-vis de vous-même, que l'on vous rejette, discrimine, harcèle encore et toujours. Il n'y a clairement pas d'égalité ni de fraternité sur l'autel des profits financiers et de la méchanceté. En fonction de vos revenus, on peut presque dire que vous êtes à risque d'obésité. Est-ce normal ? Comment peut-on laisser se dérouler cette chronique d'une mort lente et douloureuse ? J'entends encore cette petite phrase cinglante : « Nous ne forçons personne à consommer tel ou tel produit, la responsabilité est celle du consommateur, pas la nôtre »... Mais QUI fabrique ces produits ultratransformés, et pourquoi mettre certaines substances qui ne sont pas forcément utiles ? Le consommateur n'a pas fait d'études de lecture d'étiquette des compositions alimentaires ou diététiques. Mais plus que tout, à mes yeux, la France doit retrouver sa souveraineté alimentaire pour garantir la sécurité du consommateur qu'il soit un bébé, un ado, un jeune adulte, une femme enceinte, un malade chronique, une personne âgée : c'est la base, ma base. Monsieur le président de la République, Monsieur Macron, je suis, comme toutes les associations de patients, à votre disposition pour continuer à vos côtés ce combat, notre combat, car il est de notre devoir d'agir, vite et bien dans l'intérêt de tous !

J'aimerais tellement dire un jour : c'est au nom de la France que la lutte contre l'obésité est la plus efficace, la plus déterminée, la plus complète et deviendra la plus puissante. Elle donnera à chacun de ses enfants et citoyens la liberté, l'égalité et la fraternité face à ce fléau mondial qu'est l'obésité.

Faisons ensemble ce rêve et que l'on en finisse une fois pour toutes avec la discrimination des malades en situation d'obésité dans tous les secteurs de la société. Des décisions qui dépassent le seul sujet de la lutte contre l'obésité. En choisissant de combattre efficacement cette maladie, les autorités françaises vont permettre à des pathologies connexes de bénéficier de cette nouvelle dynamique. Une opération gagnant-gagnant qui placera notre pays parmi les premières nations à combattre cette maladie qui progresse en France et dans le monde de façon inexorable. Alors, pitié, avançons ensemble, maintenant !

REMERCIEMENTS D'ANNE-SOPHIE JOLY

– À mes amours, ma petite famille, mes hommes et mes chats, Charly et Charlotte. Mes piliers, mes distributeurs d'amour et de câlins, merci d'être là, de m'aimer et de me soutenir sans faille. Pardonnez-moi pour toutes mes absences, mes heures de travail hors norme, mes soirées, mes week-ends en dehors de la maison à travailler, nos vacances où le téléphone et les réunions de travail s'enchaînent. Pardon et merci de supporter tout cela. Merci à vous deux, mes chéris, de me soutenir et de m'encourager à essayer d'aider mes semblables, même quand mon corps ne répond plus « présent ». Je vous aime tant, mes richesses !

– Merci à mes parents, à ma mère qui a toujours été là pour moi, même pendant nos années de séparation, qui m'a sauvé la vie à bien des niveaux, qui est une source d'inspiration, de courage et un exemple pour moi depuis toujours, qui m'a tellement, mais tellement manqué durant mon enfance. À mon beau-père omniprésent et bienveillant, qui m'a toujours aimée et considérée comme sa propre fille, merci à vous deux pour tout, et sachez que je vous aime plus que tout !

– Merci à ma petite sœur qui m'a vue arriver dans son enfance comme un vampire assoiffé d'amour maternel. Pardonne-moi de mon arrivée soudaine et envahissante, et sache que je t'aime, ma tiote frangine, que je suis là pour toi et que je suis fière de toi !

– À ma belle-famille qui m'a reçue avec beaucoup d'amour, de bienveillance, toujours beaucoup de soutien et d'encouragement dans mes projets, merci à vous tous !

– Merci à ma grand-mère mémé, mon oncle, ma tante et mes cousins et cousines de Calais, qui se sont occupés de moi avec amour, de mes 4 à 6 ans. Ils ont eu un rôle capital dans mon enfance, lorsque je ne voyais ni ma mère, ni mon père, durant ces années longues et douloureuses. Pendant ces deux ans, ils m'ont donné un équilibre et un vrai foyer sain et rempli d'amour. Votre rôle a été fondamental dans ma construction, merci à vous.

– À Richard Zarzavatdjian, journaliste santé et ami, que je connais depuis... plus de vingt-cinq ans, qui un jour m'a appelée en me disant que nous devions faire un livre ensemble et qu'il n'était pas possible que je lui dise non. C'est avec la peur au ventre que, timidement, et après une très longue réflexion, j'ai fini par lui dire oui. Tes arguments, Richard, sur le fait de pouvoir aider modestement encore plus de monde a été le détonateur de mon acceptation. Merci à toi.

– À notre éditeur, Solar, merci pour votre confiance et le relai de notre combat : Didier Férat, Lama Younès-Corm, Isabelle Delaleu, Bérénice Taveau.

– Merci aux associations, aux bénévoles du CNAO et aux membres de son bureau, qui me font confiance et qui me suivent depuis plus de vingt ans. Elles font un travail colossal, admirable, depuis tant et tant d'années, au détriment de leurs propres ressources personnelles à bien des niveaux, leur santé, leurs finances, leur vie de famille, leur carrière, leurs vacances... Sachez que toutes les associations de patients et bénévoles, telles que la Ligue contre le cancer, la Fédération française des diabétiques, l'Alliance du cœur, AVC France, SOS Hépatite... avec lesquelles nous travaillons, et bien d'autres encore, ont un courage et une envie de vous aider juste admirables. Ayez de la bienveillance pour ces personnes qui sont pour le plus grand nombre des patients souffrant de leur maladie, et qui prennent gratuitement de leur temps et de leur vie pour essayer de vous aider et de vous accompagner de leur mieux, sans salaire et en bataille constante pour faire vivre les structures associatives. Un très grand merci à vous !

– Un grand merci aux personnes suivantes qui ont participé à faire de notre combat ce qu'il est aujourd'hui, grâce à leur personnalité, leur force de conviction, leur implication, leur humanité et leur savoir :

- au Pr Daniel Nizri, président du Plan national nutrition santé 4, un grand homme, une source d'inspiration et un modèle tellement important pour moi ;
- à Isabelle de Guido-Vincent-Genod, cheffe du Bureau alimentation et nutrition au ministère de la Santé et de la prévention ;
- à Karine Boquet, ancienne cheffe du secrétariat interministériel du Conseil national de l'alimentation ;
- au Pr Arnaud Basdevant, président du plan Obésité 2010-2013 ;
- au Pr Olivier Ziegler, président de la feuille de route Obésité 2019-2022 et de la Coordination nationale des centres spécialisés d'obésité (CSO) ;
- à la Pre Martine Laville, professeure de nutrition, Hospices civils de Lyon ;
- au Pr François Pattou, chirurgien viscéral et digestif, CHU de Lille, et président de la SOFFCOMM ;
- au Dr Antoine Épin, ange gardien et ami, avec qui j'échange beaucoup et qui prend en plus soin de ma santé physique et mentale ;

- au Professeur et ami Patrick Pessaux, frère de combat également ;
- à la D[re] Julie St-Pierre, pédiatre au Canada, homologue canadienne et consœur de combat ;
- à la D[re] Dominique Durer, patiente et médecin généraliste en Suisse, amie de cœur depuis des années et combattante investie. Merci d'être là, ma Dom !
- à la D[re] Muriel Coupaye, présidente de l'Afero, endocrinologue, hôpital de La Pitié-Salpêtrière, Paris ;
- à Catherine Grenier, directrice des Assurés de l'Assurance Maladie ;
- à Anne-Marie Armanteras de Saxcé, grande dame que j'ai rencontrée et avec laquelle j'ai le plaisir de travailler depuis cette terrible épreuve de la lutte contre le Covid-19 ;
- à Cédric Arcos, conseiller Santé au cabinet de la Première ministre Élisabeth Borne ;
- à Raphael Radanne, ancien conseiller santé du président de la République Nicolas Sarkozy, sans ces deux personnes nous ne serions pas là aujourd'hui dans la lutte contre l'obésité. Monsieur le président de la République, vous avez eu le courage de poser la « première pierre étatique française » de ce combat planétaire qu'est l'obésité. Merci également pour vos mots, Monsieur Sarkozy, lors de notre échange en novembre 2023 : « Vous, Anne-Sophie Joly, vous faites, vous êtes dans l'action… » Quel moment d'émotion pour moi, patiente qui a souffert quasiment toute sa vie de jugement négatif, de mésestime et de discrimination constante… Mais au-delà de mon sentiment purement personnel, quelle avancée pour notre cause ! Merci Monsieur le Président.

– À mes amis du CRAPS, aux sociétés savantes et aux Académies de médecine et de chirurgie, aux instances étatiques HAS, IGAS, Assurance Maladie, Santé publique France, ARCOM, ARPP et notamment Mme Magali Jalade, CPP, les articles 51…

– Merci aux instances étatiques françaises pour leurs engagements et travaux, qui sont enviés par certains autres pays internationaux. Merci de nous écouter et de co-construire avec nous, quelle chance (même si selon moi et d'autres, cela ne va pas assez vite et pas assez fort au vu de l'urgence de la situation présente et à venir). Merci d'être là et d'avancer à nos côtés.

– À mes amies : Mme la Maire Joëlle Ceccaldi-Raynaud qui a fait, au sein de la mairie de Puteaux (« mon village », comme j'aime à le dire), de l'obésité infantile une priorité pour la santé des enfants de la commune, avec, entre autres, un investissement important sur la qualité et la transformation de la nourriture dans les cantines des crèches et des écoles de la ville, des mises à disposition de très nombreuses activités physiques pour tous, et bien d'autres choses... À Camille Marchand, Léa Beaufils, Linda Ahmed-Yahia, Karim Achour, Martine Munch, Carole Galissant, Francine Mercier, Émilie Laviec, Magloire Delcros, Anne Beinier, Hélia Prévot, qui sont à mes côtés et m'accompagnent depuis tant d'années...

– À vous, mes amis sincères, à vous que je n'ai pas pu tous citer nommément et qui m'accompagnent dans mes combats, qui me donnent la possibilité d'aller encore plus loin, vous donnez de votre force, de votre amitié, de votre temps et de vos enseignements, de votre confiance lorsque je doutais : je vous en remercie sincèrement et profondément. Merci !

– Merci à tous nos professionnels de santé qui veillent sur nous, allant du chef de service, au libéral en passant par l'aide-soignante (comme cette dame qui m'a lavé le dos en pleine canicule en août 2003 en post-opératoire immédiat, avec mon corps qui hurlait de souffrance et 40 °C dans ma chambre) et aux infirmier(e)s, aux sages-femmes, aux pharmacien(ne)s, aux diététicien(ne)s, aux psychologues, aux Apa... Merci à vous, de prendre soin de nous, nous avons tellement et cruellement besoin de vous, si vous saviez !

– Merci aux journalistes et médias, qui nous ont aidés depuis la première heure dans notre combat et engagement pour relayer les messages à la population, être à nos côtés pour le plaidoyer, faire connaître nos difficultés, se battre avec nous contre le Covid-19… Vous avez toujours été là pour notre population dès le début. Un très grand merci !

– Merci à tous nos partenaires privés, et cela depuis toujours, sans qui le combat ne serait pas possible, le passé, le présent et le futur, il n'y aurait pas de relai ni de mise en application sur le terrain si vous n'étiez pas là car, ne l'oubliez pas, c'est un travail d'équipe, de tous et pour tous. Un immense merci à vous pour votre fidélité et votre implication dans cette lutte passée, présente et future.

Je ne peux finir mes remerciements sans parler de vous, vous qui nous lisez, vous qui, pour certains m'avez donné de votre temps, m'avez confié vos souffrances, vos doutes, vos pleurs, m'avez donné votre confiance. Vous, auprès de qui nous avons passé des heures à parler, à pleurer parfois, mais aussi à rire, à espérer de meilleurs moments. Vous êtes pour moi une source d'inspiration, une force, vous m'avez donné le courage d'aller au-delà de mes limites, vous m'avez montré le chemin de la résilience et de la patience. Vous m'avez montré à quel point la vie est belle et vaut la peine d'être vécue, même quand tout vous montre l'inverse. Lorsque certains voulaient nous réduire au silence, voulaient nous mettre dehors car nous dérangeons, nous parlions, nous demandions à vivre comme tout le monde avec égalité, vivre tout simplement. Grâce à vous, j'ai grandi, grâce à vous, j'ai appris la complexité des différences et de leurs perceptions, grâce à vous, j'ai redressé la tête et je me bats encore et toujours contre les injustices (avec mes petits bras de patiente souffrant d'une maladie chronique, l'obésité), grâce à vous, j'ai eu le courage d'aller au-delà de mes peurs... Grâce à vous, ma vie a un sens, j'ai trouvé mes valeurs. Grâce à vous, j'ai trouvé de l'espoir là où il n'y avait plus rien, juste en prenant conscience que l'essentiel était devant moi, à côté de moi, pas dans le superficiel, ma vérité, ma chance et ma richesse, ceux qui sont le plus cher à mes yeux : mes amours, ceux que j'aime, et cette chance d'être encore en vie. Donc permettez-moi, cher vous tous, de vous dire humblement et sincèrement : « Merci ! »

REMERCIEMENTS DE RICHARD ZARZAVATDJIAN

- Merci à Sylvie, ma compagne, de m'avoir écouté et soutenu.
- Merci à Anne-Sophie Joly dont j'ai mesuré pendant ces mois de travail sa force de vie à défendre ses semblables.

Remerciements à :
– Muriel Bismuth, association Poids chiche à Montpellier.
– Dr Rudy Caillet, spécialiste de l'obésité (Centre hospitalier de Colmar).
– Dr Guillaume Pourcher, chirurgien de l'obésité (Institut mutualiste Montsouris, Paris).
– Jean-Francois Amadieu, sociologue, Paris.
– Solenne Carof, sociologue, Paris.
– Nicole Darmon, directrice de recherche INRAE en nutrition et santé publique, Marseille.
– Thibault de Saint Pol, sociologue, Paris.

– Pr Antoine Avignon, endocrinologue, CHU de Montpellier.
– Pre Karine Clément, médecin, chercheuse et professeure de nutrition à hôpital de la Pitié-Salpêtrière, Paris.
– Pr Jean-Michel Oppert, chef de service de nutrition, hôpital de la Pitié-Salpêtrière, Paris.
– Pr Patrick Tounian, pédiatre, hôpital Trousseau, Paris.
– Pr Philippe Froguel, spécialiste de l'obésité et du diabète, généticien, et directeur du département de Génétique humaine de l'Institut de biologie de Lille (CNRS).
– Dr Bernard Waysfeld, psychiatre, Paris.
– Alain Nogaret, directeur du pôle sanitaire du centre de soins médicaux et de réadaptation (SMR) d'Antrenas (Lozère).
– Enfin merci à notre éditeur Solar, à Didier Férat, Lama Younès-Corm, Isabelle Delaleu, Bérénice Taveau.

BIBLIOGRAPHIE

- *La vérité sur l'obésité : comprendre et soigner cette nouvelle épidémie,* de Hélia Hakimi-Prévot, éd. Robert Laffont, 2022.
- *Ma vie avec un by-pass, tome 1 : Mon parcours du combattant,* de Mélanie Alberic, éd. Youstory, 2021.
- *Grossophobie : sociologie d'une discrimination invisible,* de Solenne Carof, Éditions de la Maison des sciences de l'homme, 2021.
- *La société du paraître : les beaux, les jeunes... et les autres,* de Jean-François Amadieu, éd. Odile Jacob, 2016.
- *Le poids des apparences : beauté, amour et gloire,* de Jean-François Amadieu, éd. Odile Jacob, 2002.
- *Le corps désirable : hommes et femmes face à leur poids,* de Thibaut de Saint Pol, Presses universitaires de France, 2010.

Documentaires et court-métrage

- *Un gros besoin d'amour,* reportage de Laurence Gemperlé, 2023.
- *Grossophobia,* court-métrage réalisé par Magloire, 2019.
- *On achève bien les gros,* de Gabrielle Deydier, 2019.

Associations

Collectif national des associations d'obèses

Le CNAO a été créé en mars 2003 par Anne-Sophie Joly, accompagnée de personnes souffrant d'obésité. Il est agréé par le ministère de la Santé, l'EASO (European Association for the Study of Obesity).

Il sert :

– de lien entre les institutions, les associations en région, les patients ;

– de porte-parole pour les personnes souffrant de problème de poids (surpoids et obésité).

www.cnao.fr

contact@cnao.fr

Ligue nationale contre l'obésité

Créée en 2014, elle est présente dans toutes les régions à travers ses antennes départementales. Elle fédère des professionnels de santé, des structures associatives, des patients, des bénévoles et des entreprises.

contact@liguecontrelobesite.org

Gras politique

Gras politique est une association féministe de lutte contre la grossophobie systémique fondée en 2016 afin de combler le vide politique et militant autour de la question du corps gros.

graspolitiqueactivité@gmail.com

GROS

Le Groupe de réflexion sur l'obésité et le surpoids réunit des thérapeutes de toutes écoles et de toutes formations (médecins généralistes et spécialistes, psychologues, diététiciens, paramédicaux) ayant à prendre en charge des personnes en difficulté avec leur poids et leur comportement alimentaire.

associationgros@gmail.com

Afero

L'Association française d'étude et de recherche sur l'obésité a pour objet de promouvoir les échanges scientifiques, la diffusion des connaissances et la formation dans le domaine de la recherche biomédicale sur l'obésité.
adhesion@afero.fr

StéreO

Association de lutte contre les stéréotypes liés à l'obésité. L'association créé en 2023 a pour but :
– d'explorer et mieux cerner la stigmatisation de l'obésité dans la société, ses mécanismes et ses conséquences ;
– de rendre accessibles les concepts de poids et d'obésité au regard des avancées de la recherche et des recommandations, et ce, dans tous les domaines.
associationstereo@gmail.com

AGOSSE

Association Antilles Guyane de lutte contre l'obésité, le surpoids et la sédentarité chez l'enfant.
Agosse971@gmail.com

SOFFCOMM

Société française et francophone de chirurgie de l'obésité et des maladies métaboliques.
www.soffcomm.org

Association française des diététiciens nutritionnistes

www.afdn.org

Collectif DisCo maison-nutrition

DisCo est un dispositif rémois portant un collectif de diététiciens motivés à faire évoluer leurs pratiques dans la prévention et la prise en charge de l'obésité.
www.maison-nutrition.fr/collectif-de-dieteticiens-disco/

Autres adresses

Fédération française des diabétiques
Federationfrancaisedesdiabetiques.org

Ligue contre le cancer
www.ligue-cancer.net

France AVC
franceavc.com

Alliance du cœur
www.alliancecoeur.fr

Ministère de la Santé :
– Plan Obésité 2010-2013 et Feuille de route 2019-2022 : https://sante.gouv.fr
– PNNS4 Programme national nutrition santé : https://sante.gouv.fr
– Annuaire de l'accessibilité (où trouver un lieu de soins adapté à ses besoins) : https://www.sante.fr

Haute Autorité de Santé
(recommandations de bonnes pratiques Obésité)
https://www.has-sante.fr

SOURCES

1. « Obésité et surpoids : près d'un Français sur deux concerné. État des lieux, prévention et solutions thérapeutiques », communiqué de presse de l'Inserm, 20 février 2023 ; *Enquête épidémiologique nationale sur le surpoids et l'obésité pour la Ligue contre l'Obésité*, résumé de l'étude disponible sur le site de l'institut de sondage Odoxa qui l'a réalisée : www.odoxa.fr.

2. « Lutter contre le surpoids et l'obésité dans les pays à revenu faible ou intermédiaire dans une perspective axée sur le développement rural et les systèmes alimentaires – Cartographie des pays », étude réalisée par le Fonds international de développement agricole (FIDA) et disponible (en anglais) sur son site www.ifad.org.

3. « Impact de la crise sanitaire due au SARS-CoV-2 sur le statut staturopondéral des enfants de quatre ans : comparaison des données des bilans de santé en école maternelle du Val-de-Marne, de 2018 à 2021 », *Bulletin épidémiologique hebdomadaire*, n° 8, 26 avril 2022, p. 154-160.

4. « Les chiffres clés sur l'inactivité physique et la sédentarité en France », ONAPS, à consulter sur le site onaps.fr.

5. Fiche « Sommeil et poids », à consulter sur le site du CSO du CHU de Rouen.

6. Ruth J. F. Loos. The genetics of adiposity. *Curr Opin Genet Dev.* 2018 June;50:86-95. DOI: 10.1016/j.gde.2018.02.009.

7. « Obésité : une maladie des tissus adipeux », publié le 11 juil. 2017, mis à jour le 22 nov. 2019, à consulter sur le site de l'Inserm.

8. Albert J. Stunkard *et al.* The Body-Mass Index of Twins Who Have Been Reared Apart. *N Engl J Med.* 1990 May;322:1483-1487. DOI: 10.1056/NEJM199005243222102.

9. M. Baron *et al.* Loss-of-function mutations in *MRAP2* are pathogenic in hyperphagic obesity with hyperglycemia and hypertension. *Nat Med* 2019 Nov;25:1733-1738. DOI: 10.1038/s41591-019-0622-0.

10. C. Yuan *et al.* Association Between Cesarean Birth and Risk of Obesity in Offspring in Childhood, Adolescence, and Early Adulthood. *JAMA Pediatr.* 2016;170(11):e162385. DOI: 10.1001/jamapediatrics.2016.2385.

11. L. Nordkap L *et al.* Obesity and Bariatric Surgery Drive Epigenetic Variation of Spermatozoa in Humans. *Cell Metab.* 2016 Feb 9;23(2):369-78. DOI: 10.1016/j.cmet.2015.11.004.

12. S. Fabbiano *et al.* Functional Gut Microbiota Remodeling Contributes to the Caloric Restriction-Induced Metabolic Improvements. *Cell Metab.* 2018 Dec 4;28(6):907-921.e7.

13. B. Balkau *et al.* International Day for the Evaluation of Abdominal Obesity (IDEA): a study of waist circumference, cardiovascular disease, and diabetes mellitus in 168,000 primary care patients in 63 countries. *Circulation.* 2007 Oct 23;116(17):1942-51. DOI: 10.1161/CIRCULATIONAHA.106.676379.

14. « Surpoids, obésité, cancer », fiche à consulter sur le portail Cancer Environnement du Centre de lutte contre le cancer Léon-Bérard : www.cancer-environnement.fr.

15. « Obésité : quelles conséquences pour l'économie et comment les limiter ? », *Lettre Trésor-Éco,* n° 179, septembre 2016.

16. Philippe Oberlin et Christine de Peretti, « Chirurgie de l'obésité : 20 fois plus d'interventions depuis 1997, *DREES Études et Résultats,* n° 1051, février 2018.

17. « Obésité : prise en charge chirurgicale chez l'adulte – Recommandation de bonne pratique », à consulter sur le site de la Haute Autorité de Santé, mis en ligne le 22 juin 2009 et mis à jour le 30 déc. 2009.

18. « Chirurgie de l'obésité : ce qu'il faut savoir avant de se décider ! », brochure à destination des patients éditée par la Haute Autorité de Santé, juillet 2009, disponible sur le site de la HAS.

19. « Dangers de la chirurgie bariatrique sans suivi à long terme », invitation à la conférence de presse de l'Académie nationale de médecine du 31 janv. 2018.

20. Manuel Dolz, « Le risque de suicide est augmenté après chirurgie bariatrique ! », Société francophone du diabète, mars 2018.

21. Philippe Cornet, *Corps obèse et société : regards croisés entre médecins et patients,* thèse de doctorat en sciences humaines et sociales, spécialité sociologie, Université Paris-Est, soutenue le 12 décembre 2015, consultable en ligne sur le site de la Société de formation thérapeutique du Généralistes (SFTG) www.sftg.eu.

22. « Étude sur les préjugés liés à l'obésité : quel regard ont les Français ? », dossier de presse de l'Inserm, 30 mars 2023.

23. Traduction d'un extrait de l'éditorial « Addressing Weight Stigma » (« Lutter contre la stigmatisation du poids »), *The Lancet Public Health*, avril 2019, n° 4, vol. 4 (« *Although obesity has become, unfortunately, more common, discrimination has not subsided. Whereas we now understand that an obesogenic environment has a substantial role in the development of obesity, the stereotypical perception that people with overweight and obesity are somehow responsible for their weight remains pervasive.* »)

24. « Mieux prévenir et mieux prendre en charge l'obésité en France », rapport remis par la Professeure Martine Laville le 24 avril 2023, et rédigé avec le concours de Maryse Fourcade, membre de l'Inspection générale des Affaires sociales.

25. « L'obésité reste élevée chez les enfants de la Région européenne : un nouveau rapport de l'OMS présente les dernières données par pays », communiqué de presse du 8 nov. 2022, en ligne sur le site de l'OMS.

26. « Les vrais chiffres de la grossophobie en France – Discriminations et obésité : état des lieux », enquête réalisée par l'institut Odoxa pour le compte de La Ligue contre l'obésité, du 24 septembre au 5 octobre 2020.

27. Décret n° 2023-782 du 16 août 2023 relatif au respect des principes de la République et à la protection des élèves dans les établissements scolaires relevant du ministre chargé de l'Éducation nationale.

28. « Les enfants, cibles du marketing de la malbouffe : l'heure de l'action politique », Foodwatch.org, 13 sept. 2023.

29. Élise Coudin et Arthur Souletie, « Obésité et marché du travail : les impacts de la corpulence sur l'emploi et le salaire », *Économie et Statistique* (Insee), n° 486-487 : *Travail et Santé*, 2016.

30. Défenseur des droits et Organisation mondiale du travail, « La perception des discriminations dans l'emploi », 15e Baromètre, édition 2022 consacrée au secteur des services à la personne.

31. « Grossophobie et discrimination à l'embauche : comment y faire face ? », entretien avec Jean-François Amadieu, sur le site du CIDJ, rubrique « Trouver un job ou un emploi : nos conseil », févr. 2021.

32. « Favoriser l'inclusion professionnelle des personnes en situation d'obésité », dossier de presse 2022, programme européen Interreg Aspire et programme Vivons en forme (VIF) de l'association FLVS.

33. Haute Autorité de Santé, *Guide du parcours de soins : surpoids et obésité chez l'adulte*, janvier 2023.

34. Rebecca M. Puhl *et al.*, Weight stigma as a psychosocial contributor to obesity. *The American psychologist.* 2020;75(2):274-289.

35. Vanessa Folope, « Grossophobie dans le monde soignant, une réalité à combattre » dans le dossier « Les violences invisibles et indicibles de notre société », *Soins*, n° 66, septembre 2021, p. 22-24.

36. Béatrice Tachet Toureng, *Dynamiques de marché : enjeux de légitimité entre deux catégories de marché, la mode conventionnelle et la mode grande taille*, thèse de doctorat en sciences de gestion, Université Paris I – Panthéon-Sorbonne, Institut d'administration des entreprises de Paris, soutenue le 29 mai 2019.

TABLE DES MATIÈRES

Direction : Didier Férat
Direction éditoriale : Lama Younès-Corm
Collaboration éditoriale : Isabelle Delaleu
Édition : Bérénice Taveau
Correction : Judith Lévitan
Couverture : Marina Delranc
Mise en pages et schémas : Littopia
Fabrication : Laurence Duboscq

Solar éditions
solar_editions

Solar, un département d'Édi8
92 avenue de France
75013 Paris

ISBN : 978-2-263-18545-8
Code éditeur : L18545
Dépôt légal : février 2024

Achevé d'imprimer en février 2024
par Normandie Roto Impression s.a.s.
N° d'impression : 2400214

Imprimé en France